AUF DEN SPUREN VON WOLFGANG AMADEUS MOZART

WALTER M. WEISS

Auf den Spuren von Wolfgang Amadeus

MOZART

Ein biographischer Reiseführer durch Salzburg, Prag & Wien

VERLAG CHRISTIAN BRANDSTÄTTER

Inhalt

ZEITTAFEL

Leopold Mozart (1719–1787), in Öl verewigt um 1765, vermutlich von Pietro Antonio Lorenzoni.

1719 In Augsburg (im Haus Frauentorstraße 30) erblickt am 14. November Leopold Mozart, der Vater von Wolfgang Amadeus, als Sohn eines Buchbinders und einer Weberstochter das Licht der Welt.

1720 Am Weihnachtstag wird dem erzbischöflichen Pflegskommissär Wolfgang Nikolaus Pertl und seiner Gattin Eva Rosina in St. Gilgen am Wolfgangsee eine Tochter, Mozarts spätere Mutter Anna Maria, geboren.

1737 Leopold zieht nach Salzburg, wo er an der Benediktineruniversität als Philosophiestudent immatrikuliert und drei Jahre später beim Domherrn Johann Baptist Graf Thurn-Valsassina die Stelle eines Kammerdieners und Musikus übernimmt.

Das Musikleben der Salzachstadt ist, vom Kunstgeschehen in Venedig, Mantua und Mailand ebenso beeinflußt wie von jenem in Wien und Prag, soeben dabei, den Zenit seiner langen und großen Geschichte zu erreichen. Viele vorzügliche und arrivierte Musiker, darunter etliche Italiener und Joseph Haydns jüngerer Bruder Michael (1737–1806), pflegen im Solde des repräsentationsfreudigen Erzbischofs das Erbe berühmter Vorgänger wie Paul Hofhaimer, Georg Muffat und Heinrich Ignaz Biber. Parallel dazu entstehen abseits des Hofes immer mehr bürgerliche Instrumental- und Vokalensembles.

Johann Michael Haydn

Augsburg: die Frauentorstraße, in der das Geburtshaus Leopold Mozarts steht. Kolorierter Stich, Mitte des 18. Jh.

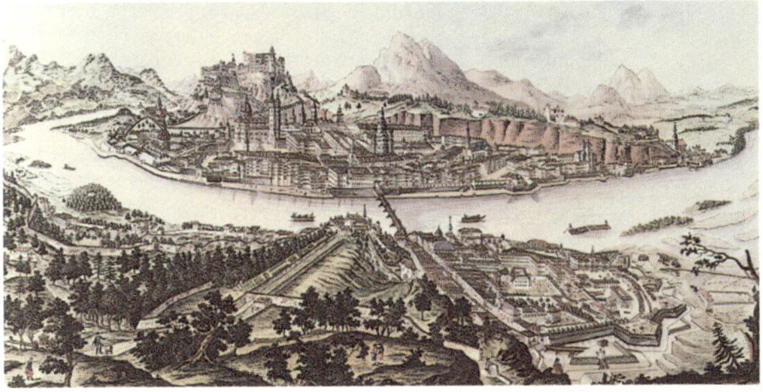

Ansicht Salzburgs vom Kapuzinerberg, entstanden in W. A. Mozarts Todesjahr. Kolorierter Stich von Aug. Franz Heinrich von Naumann, 1791.

1743 Leopold Mozart wird als vierter Violinist in die salzburgisch-fürsterzbischöfliche Hofkapelle aufgenommen, der er fortan 44 Jahre lang dienen wird. Im Jahr darauf avanciert er zum Violinmeister der Kapellhausknaben.

Maria Anna Mozart, geb. Pertl (1720–1778) – Wolfgang Amadeus' Mutter. Gemälde, um 1775.

1747 Am 21. November führt Leopold im Salzburger Dom Anna Maria Pertl zum Traualtar. Die Jungvermählten, die als „hübschestes Paar von ganz Salzburg" gelten, beziehen eine kleine Dreizimmerwohnung im Haus des befreundeten Spezereiwarenhändlers Johann Lorenz Hagenauer auf dem Löchelplatz (heute: Getreidegasse 9).

1751 Den Mozarts wird ein Töchterchen geboren, die später mit dem Kosenamen „Nannerl" bedachte Maria Anna Walburga Ignatia (30. Juli).

Wolfgangs heißgeliebte Schwester Maria Anna, das „Nannerl". Gemälde von Pietro Antonio Lorenzoni, 1763.

1756 Um acht Uhr am Abend des 27. Januar bringt Anna Maria Mozart im dritten Stock des „Hagenauerhauses" einen Sohn zur Welt, der am folgenden Tag im Dom der Stadt auf die Namen Johannes Chrysostomus Wolfgang Theophilus (= Gottlieb) getauft wird. Letzterer, nach dem Taufpaten Johann Gottlieb Pergmayr – einem Kaufmann, Stadtrat und Freund der Familie – gewählt, wird später auf „Amadeus" latinisiert. Von den insgesamt sechs Geschwistern des kleinen Wolfgang – zwei Brüdern und vier Schwestern – ist zu diesem Zeitpunkt nur noch Nannerl am Leben.

Im Sommer desselben Jahres veröffentlicht der als Musiker und Pädagoge, aber auch Komponist zahlloser Messen, Oratorien, Litaneien, Vespern, Kantaten,

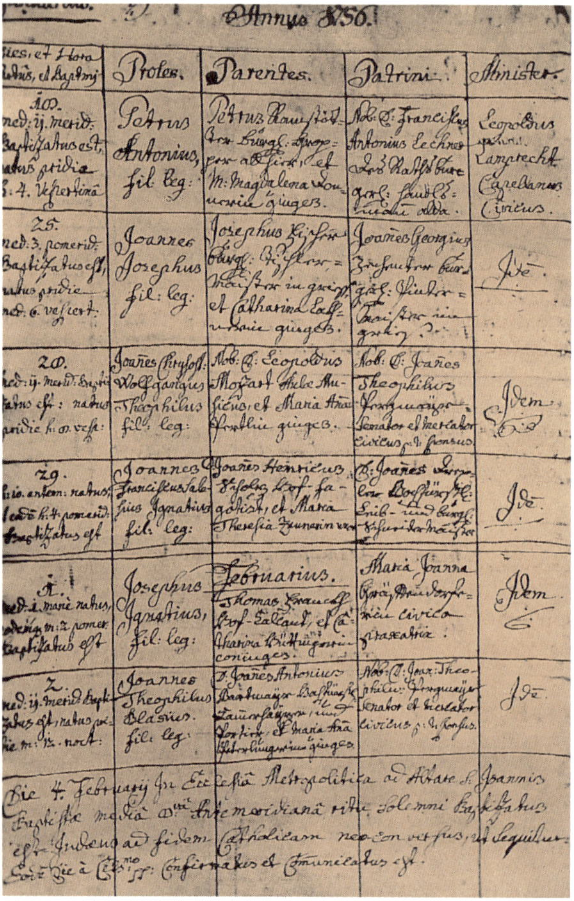

Annus 1756.

Proles. | Parentes. | Patrini. | Minister.

Das Taufmatrikelbuch des Salzburger Doms mit dem Vermerk von Wolfgangs Taufe am 28. Januar 1756.

Unten: Titelblatt der von Vater Leopold in Wolfgangs Geburtsjahr veröffentlichten „Violinschule".

Versuch
einer gründlichen
Violinschule,
entworfen
und mit 4. Kupfertafeln sammt einer Tabelle
versehen
von
Leopold Mozart
Hochfürstl. Salzburgischen Cammermusikus.
In Verlag des Verfassers.
Augspurg,
gedruckt bey Johann Jacob Lotter, 1756.

Arien, Lieder, Symphonien sowie Klavier- und Kammermusikstücke überaus regsame Leopold Mozart beim renommierten Augsburger Verleger Johann Jakob Lotter seinen „Versuch einer gründlichen Violinschule", der in der Folge als eines der fundamentalen Lehrwerke des 18. Jh. viele Auflagen und Übersetzungen erlebt.

1758 Am 25. September wird zu Augsburg das „Bäsle" Maria Anna Thekla, Wolfgangs Cousine, geboren. Sie wird als Adressatin der berühmten, humorig-derben Bäsle-Briefe in die Musikgeschichte eingehen.

1759 Vater Leopold legt für sein eminent begabtes Nannerl ein Notenbuch „Pour le clavecin“ an, das schon bald auch zum Unterricht ihres kleinen Bruders dient.

1761 Der Vater notiert in Nannerls Notenbuch: „Diesen Menuet und Trio hat der Wolfgangerl den 26. Januarij, einen Tag vor seinem 5ten Jahr um halbe 10 Uhr nachts in einer halben Stunde gelernet.“ Zwischen Februar und April entstehen, ebenfalls in dem Heft festgehalten, die ersten Kompositionen des Fünfjährigen – ein *Andante* und ein *Allegro*, jeweils in C-Dur. Anfang September betritt er in der Aula der Universität als Tänzer in der lateinischen Schulkomödie „Sigismundus Hungariae Rex“ erstmals öffentlich eine Bühne. Im zugehörigen Textbuch ist der Name „Wolfgangus Mozhart“ zu lesen.

Leopold Mozart – Titelblatt aus seiner berühmten Violinschule. Kupferstich von J. A. Friedrich nach G. Eichler, 1756.

Leopold Vater (violinspielend) mit seinen Kindern Nannerl (singend) und Wolfgang Amadeus (am Spinett) in Paris 1763. Stich von Joan Baptiste Delafosse nach Louis Carrogis de Carmontelle, 1764.

1762 Am 5. Januar wird in Zell im Wiesenthal Constanze Weber, Wolfgangs spätere Frau, geboren. Am 12. desselben Monats reist Leopold mit Tochter und Sohn für drei Wochen nach München, wo sich die Kleinen vor Kurfürst Maximilian III. Joseph erfolgreich als musikalische Wunderkinder produzieren. Bereits Mitte September startet die Familie, diesmal samt Mutter, zu einer weiteren Tour. Sie führt über Passau, donauabwärts nach Linz und Wien und bildet den Anfang einer vieljährigen intensiven Reisetätigkeit, während der die beiden Kinder an den Höfen Europas als Cembalo-, Geigen- und Orgelvirtuosen und Wolfgang als junger Mann auch als Dirigent und Komponist für höchstes Aufsehen sorgen. Er fühle sich verpflichtet, notiert der stolze Papa und Impresario, „der Welt ein Wunder zu verkündigen, welches Gott in Salzburg hat lassen geboren werden. Ich bin diese Handlung dem allmächtigen Gott schuldig, sonst wäre ich die undankbarste Kreatur." In seinem kurzen Leben wird Wolfgang insgesamt rund 250 Tage in unbequemen Privat- oder Postkutschen zubringen.

Kaiserin Maria Theresia, portraitiert 1759 vom damaligen Direktor der Wiener Akademie, Martin van Meytens.

Ihr erstes Konzert in Wien geben die Kinder am 9. Oktober im Palais Collalto am Hof. Vier Tage darauf kommt es zum gesellschaftlichen Höhepunkt des Aufenthalts: die Mozarts werden im Schloß Schönbrunn von Kaiser Franz I. und Maria Theresia drei Stunden lang „außerordentlich gnädig" empfangen. Es folgen Auftritte in diversen Adelspalais, u. a. jenen der Familien Colloredo-Mansfeld, Wilczek, Auersperg, Pálffy, Zinzendorf und Harrach. Am 31. Oktober schenkt Leopold dem Sohn zum Namenstag wie zuvor schon der Schwester ein eigens zusammengestelltes Notenbüchlein.

1763 Am 5. Januar, kurz nach der Rückkehr an die Salzach, wird Wolfgang das erste Mal von rheumatischem Fieber befallen. Am 9. Juni bricht der Vater mit Kindern und Diener zur ersten großen Europareise auf. Sie führt durch Deutschland, Belgien und Frankreich nach England, auf der Rückfahrt auch durch Holland und die Schweiz, und dauert insgesamt fast dreieinhalb Jahre.

In Augsburg begegnet Wolfgang das erste Mal jenem „Bäsle", dem gegenüber er sich gut 15 Jahre später als übermütiger, ja obszöner Briefschreiber und lautmalender Verbal-Dadaist („dreck, schmeck – dreck! – leck – o charmante! – dreck, leck! – das freüet mich!") offenbaren wird. In Schwetzingen lauschen die Salzburger zum ersten Mal dem hochberühmten Mannheimer Orchester, das der Vater als „ohne Widerspruch bestes in Deutschland" bezeichnet. In Frankfurt erlebt Goethe, selbst erst vierzehnjährig, einen Auftritt des siebenjährigen Wolfgang, worauf er noch knapp siebzig Jahre später Eckermann schreiben wird, sich „des kleinen Mannes in seiner Frisur und Degen ganz deutlich" zu erinnern. In Brüssel konzertieren die Kinder vor Prinz Karl Alexander von Lothringen, dem Generalgouverneur der Österreichischen Niederlande. Paris wird am 18. November erreicht.

Kaiser Franz I. und Maria Theresia im Kreise ihrer Familie. Aus der elfköpfigen Kinderschar ragt in der Mitte Kronprinz Joseph, 13jährig, im rotgoldenen Hofkleid, hervor. Gemälde von Martin van Meytens, um 1754/55.

Erzkonservativ, aber musikliebend: das englische Königspaar Georg III. und Charlotte Sophie (Gemälde von Johann Zoffany, um 1765), das die Mozarts im Buckingham Palace empfing.

1764 Am Neujahrstag nehmen die Mozarts in Anwesenheit Ludwigs XV. und der polnischen Königin Maria Leszczýnska am Grand Couvert, der königlichen Abendtafel, in Versailles teil. Anfang Februar erscheint Wolfgangs Opus I in Druck – die *Sonaten für Klavier* oder *Klavier und Violine KV* 6 und 7. Am 27. April, vier Tage nach ihrer Ankunft in London, werden die Wunderkinder von George III. und seiner Gemahlin Charlotte Sophie in Buckingham Palace empfangen. Weitere Auftritte vor dem musikalisch äußerst aufgeschlossenen Königspaar folgen. U. a. begleitet Wolfgang am 19. Mai bei einem Festkonzert, bei dem er die Bekanntschaft des Hofmusikmeisters Johann Christian Bach macht, die Königin beim Singen. Angeregt durch das lebendige geistige Klima der Themse-Stadt und die große Nachfrage nach Instrumentalmusik „von seiten der Dilettanten", komponiert er um die Jahreswende seine ersten Symphonien.

1765 Es erscheinen die *Sonaten für Klavier, Violine* bzw. *Flöte und Cello (KV 10–15)*, die Wolfgang der englischen Königin widmet. Für eine Aufführungsserie im Gasthaussaal „The Swan and Harp", mit der nach einer Krankheit Leopolds wieder Geld in die Familienkasse fließen soll, entstehen die ersten Klavierstücke, darunter die *Sonate für Klavier zu vier Händen (KV 19d)*. Am 24. Juli verlassen die Mozarts nach fünf-

„Er ist … ein großer Menschenfreund," schrieb Leopold Mozart über Baron Friedrich Melchior von Grimm, dank dessen Zutun die ersten Klaviersonaten des erst 8jährigen Wolfgang Amadeus in Paris gedruckt wurden.

Kaiser Joseph II., der durch seine Bemühungen um das „nationale Singspiel" Mozart als Opernkomponist entscheidend förderte. Gemälde von J. Hickel, 2. Hälfte 18. Jh.

Johann Christian Bach (1735–1782), der jüngste Sohn Johann Sebastians, dessen Musik Mozart nachhaltig beeinflußte.

zehn Monaten London und reisen über Canterbury, Dover und Calais nach Lille, wo eine Angina Vater und Sohn heimsucht und einen vierwöchigen Aufenthalt erzwingt. In Den Haag, der nächsten Station, erkranken nacheinander Nannerl und Wolfgang an lebensgefährlichem Bauchtyphus. Die Rekonvaleszenz dauert zwei Monate. In der Zwischenzeit ist Kaiser Franz I. in Innsbruck gestorben (18. August) und Joseph II. deutscher Kaiser.

In welcher Stadt auch immer die Mozarts auftauchten: die Salons der örtlichen Aristokratie standen ihnen stets offen. Im Bild: Tee beim Prinzen Louis-Francois de Conti im Temple, der Hauptniederlassung des Templerordens, in Paris. Gemälde von Michel Barthélémy Ollivier, 1766.

1766 Wieder genesen, konzertieren die Kinder bei Hof in Den Haag und in der Folge in Amsterdam, Utrecht und Antwerpen. Noch in Holland veröffentlicht Wolfgang sechs *Sonaten für Klavier und Violine (KV 26–31)* und überreicht sie Prinzessin Caroline von Nassau-Weilburg. Am 10. Mai erreicht man erneut Paris, wo man, mit einem dreitägigen Intermezzo in Versailles, bis Mitte Juli bleibt. Über Dijon, wo der Knabe erstmals eine selbstkomponierte Arie singt, geht es über Lyon, Lausanne, Bern, Zürich, Schaffhausen, Donaueschingen, Ulm und Augsburg nach München.

Am 9. November spielt Wolfgang wieder vor Kurfürst Maximilian III. Joseph. Tags darauf fesselt ihn eine neue Attacke von Gelenkrheumatismus für zehn Tage ans Bett. Nach einem weiteren Konzert bei Hof treffen die Mozarts am 29. November gesundheitlich zwar einigermaßen lädiert, dafür gut mit Gulden und Dukaten ausstaffiert in der Heimatstadt an der Salzach ein. In Wolfgang, der mittlerweile neben

Deutsch auch fließend Französisch, Englisch und Italienisch parliert, keimt, wie seine Umgebung konstatiert, jenes Selbstbewußtsein des Weitgereisten und vom Hochadel Europas Hofierten, das ihn die Salzburger Verhältnisse schon bald immer enger und sein Genie hemmend empfinden lassen wird.

1767 Für die in der Fastenzeit üblichen szenischen Aufführungen geistlicher Singspiele vertont Wolfgang den ersten Akt des von Ignaz Anton von Weiser deutsch textierten Oratoriums *Die Schuldigkeit des ersten Gebots* (den zweiten und dritten Akt steuern Michael Haydn beziehungsweise Anton Cajetan Adlgasser bei). Nach der Aufführung im Rittersaal der Residenz am 12. März bekommt er eine Goldmedaille überreicht.

Am 15. Mai kommt in der Großen Aula der Universität Wolfgangs frühestes Bühnenwerk, die lateinische Schuloper *Apollo et Hyacinthus*, zur Aufführung. Sie ist ein Auftragswerk für die alljährlich zum Schulschluß veranstaltete sogenannte Finalkomödie und besteht, dem Bauprinzip der italienischen Oper entsprechend, aus zehn textlich auf Ovids „Metamorphosen“ basierenden Musiknummern.

Den Sommer über fließen dem elfjährigen Tausendsassa kunterbunt Symphonien, Kirchensonaten und erste Klavierkonzerte aus der Feder.

Am 11. September, nach nur zehnmonatiger Atempause, bricht der ehrgeizige Vater mit den Kindern schon wieder auf. Diesmal nach Wien. Doch noch im Oktober flieht die Familie vor einer Blatternepidemie nach Böhmen. Die Kinder erweisen sich freilich als schon infiziert. Während der Genesung von der lebensbedrohenden Krankheit, die Wolfgang für neun Tage das Augenlicht geraubt hat und auf seinem Gesicht leichte Pockennarben hinterläßt, lernt Wolfgang in Olmütz nebenbei Fechten.

1768 Nach zwei erholsamen Wochen in Brünn fahren die Mozarts am 10. Januar erneut in die Kaiserstadt, die sie nun ein ganzes Jahr lang beherbergen soll. Quartier genommen wird im Haus „Zum roten Säbel“ (heute: Wipplingerstraße 19). Bereits neun Tage

Der junge Mozart wird 1782 Kaiserin Maria Theresias durch Erzherzog Joseph vorgestellt. Holzschnitt nach einem Gemälde von Eduard Ender, um 1870.

Franz Anton Mesmer (1734–1815), der Arzt, enge Freund der Mozarts und Erfinder jenes „tierischen Magnetismus", der in *Così fan tutte* herzhaft parodiert wird.

danach erfolgt der erste Empfang bei Maria Theresia und Joseph II. Bei einem bald darauffolgenden zweiten erklingt eine jener *Symphonien (KV 43, 45* und vermutlich *76*), die als Ergebnis des Olmützer und zweiten Wiener Aufenthalts gelten. Im Spätwinter beginnt der Zwölfjährige auf persönliche Anregung des Kaisers mit der Arbeit an seiner ersten italienischen Oper, *La finta semplice*. Im Juli ist das inhaltlich in der Tradition der Commedia dell'arte stehende Werk mit seinen drei – insgesamt 26 Arien umfassenden – Akten fertig. Die geplante Aufführung fällt vorerst Intrigen zum Opfer.

Dafür machen die Mozarts die Bekanntschaft des für seine Magnetotherapie berühmten Arztes Franz Anton Mesmer. In dessen prachtvollem Haus in der Rauchfangkehrergasse (heute: Rasumofskygasse) könnte im Oktober das deutsche Singspiel *Bastien und Bastienne* uraufgeführt worden sein. Seine Handlung – die Liebe zwischen zwei armen Landkindern wird durch einen Gutsherren gestört und durch die Vermittlungskunst eines Wahrsagers wiederhergestellt – ist zwar in bukolisch-naivem Milieu angesiedelt, im Grunde jedoch von revolutionärem Inhalt.

Am 7. Dezember dirigiert Wolfgang zur Weihe der neuen Waisenhauskirche in der Vorstadt Landstraße (heute: Rennweg 91) in Anwesenheit der kaiserlichen Familie „mit der größten Richtigkeit", wie das „Wiener Diarium" lobend vermerkt, seine *c-Moll-*

Messe KV 139, besser bekannt als *Waisenhausmesse*. Das bei derselben Gelegenheit ebenfalls uraufgeführte Trompetenkonzert geht später verloren. Kurz vor Neujahr machen sich die Mozarts auf den Rückweg nach Salzburg, das sie, nach Zwischenstationen in den Klöstern Melk und Lambach, am 5. Januar erreichen.

1769 Während der elfmonatigen Rast in der Heimat sprudelt die musikalische Quelle weiter ohne Unterlaß: Bereits am 5. Februar erfolgt in der Kollegienkirche die Uraufführung der *Missa brevis in d-Moll (KV 65)*. Während des Faschings entstehen nicht weniger als

Fanfarenklänge für Kaiserin und Kaiser: In deren Anwesenheit führte der knapp 13jährige Mozart hier in der Waisenhauskirche am 7. Dezember 1768 erstmals sein *Trompetenkonzert* und die nach dem Ort der Uraufführung benannte *c-Moll-Messe (KV 139)* auf.

Mozart im Alter von ungefähr zwölf Jahren, als er bereits halb Europa und dessen Herrscher aus persönlicher Erfahrung kannte. Gemälde von Saverio dalla Rosa, 1770.

34 *Menuette*. Am 1. Mai wird im Residenztheater zum Namenstag des Erzbischofs die Uraufführung von *La finta semplice* nachgeholt. In den Sommermonaten spielt man an der Universität die neuen *Serenaden in D-Dur (KV 100)* und *G-Dur (KV 63)*. Und Mitte Oktober erklingt in der Stiftskirche von St. Peter erstmals das sakrale Hauptwerk dieser Zeit: jene *Dominicus-Messe (KV 66)*, die Wolfgang seinem Jugendfreund Rupert Hagenauer, bei dessen Eintritt ins Kloster er seinerzeit dicke Kindertränen vergoß, zur Primiz als Pater Dominicus geschrieben hat.

Ende November wird Wolfgang Amadeus Mozart zum 3. Konzertmeister der Hofkapelle ernannt. Etwa zur selben Zeit kündigt Leopold in der Vorrede zur zweiten Auflage seiner „Violinschule" an, eine Lebensgeschichte seines Sohnes schreiben zu wollen – ein (nie verwirklichtes) Vorhaben, dem die Nachwelt den reichen Bestand an Briefen, Übungsheften, Frühwerken und anderen Dokumenten des Genies verdankt.

Mitte Dezember brechen Vater und Sohn, ausgerüstet mit wertvollen Referenzschreiben und einer stattlichen Subvention des Erzbischofs in Form von 120 Dukaten, nach Italien auf. „Iezt hört der Teutsche tölpel auf und fängt daß welsche Tölperl an", vermeldet Wolfgang keck an Nannerl, die diesmal daheim bleiben mußte, und wird sich fortan „Amadeo" nennen. Die Zeiten des Wunderkindes sind vorbei. Hauptzweck dieser fünfzehnmonatigen, ersten Studienreise in das damals nach wie vor gelobte Land der Musik ist, abgesehen von der eigenen Konzerttätigkeit, der Kontakt zur großen Welt der zeitgenössischen Oper und des Belcanto, zu den berühmten Primadonnen, Kastraten und Impresarii, aber auch Kompositeuren und Kunstmäzenen.

1770 Erste Station jenseits des Brenners ist Verona, wo die beiden Salzburger in der gelösten Atmosphäre des Karnevals eine erste Idee von der Begeisterungsfähigkeit der Italiener bekommen. Eindrucksvoller

Karl Graf von Firmian, der als Generalgouverneur der Lombardei die Mozarts auf ihren Italien-Reisen tatkräftig förderte. Stich von Jacob Frey, 1781.

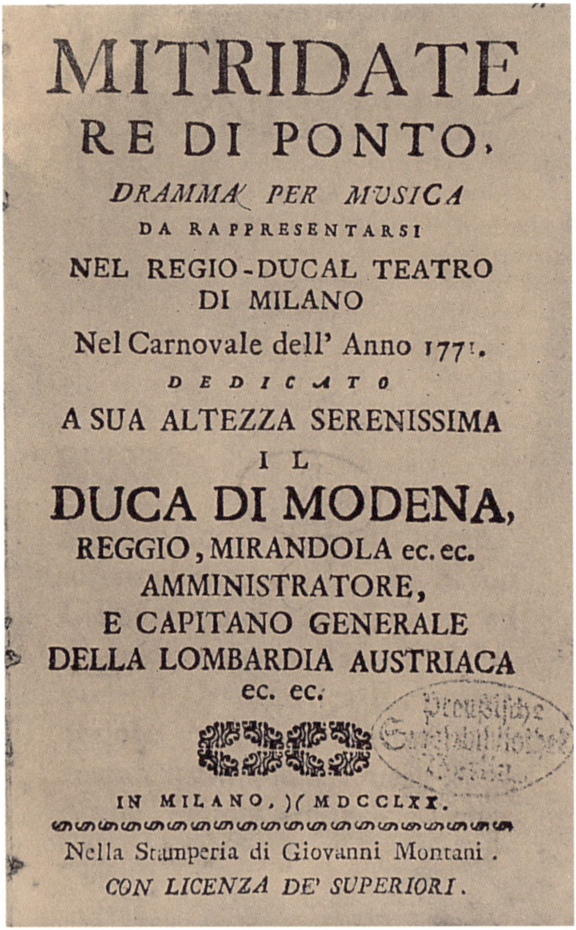

MITRIDATE
RE DI PONTO,
DRAMMA PER MUSICA
DA RAPPRESENTARSI
NEL REGIO-DUCAL TEATRO
DI MILANO
Nel Carnovale dell' Anno 1771.
DEDICATO
A SUA ALTEZZA SERENISSIMA
IL
DUCA DI MODENA,
REGGIO, MIRANDOLA ec. ec.
AMMINISTRATORE,
E CAPITANO GENERALE
DELLA LOMBARDIA AUSTRIACA
ec. ec.

IN MILANO,)(MDCCLXX.
Nella Stamperia di Giovanni Montani.
CON LICENZA DE' SUPERIORI.

„Mitridates, König von Pontus" – das Titelblatt des ersten Textbuches zu jener Oper, die Mozart 1770 für Mailand schrieb.

Padre Giambattista Maritini

Beweis: das Jugendbildnis des genialen Knaben, das der Musikliebhaber Pietro Lugiati durch Saverio dalla Rosa malen läßt. In Mailand treffen die Mozarts erstmals mit dem Generalgouverneur der zu Österreich gehörigen Lombardei, Karl Joseph Graf Firmian, zusammen, der ihnen für die weitere Reise diplomatisch alle Wege ebnet. Auch schließen sie mit Giovanni Battista Sammartini, dem Pionier des vorklassischen Stils in Italien, und mit Niccolò Piccinni, einem der Hauptvertreter der Opera buffa, Bekanntschaft. Vom

Teatro Regio Ducal erhält Wolfgang für die kommende Karneval-Stagione den Kompositionsauftrag für das auf eine Tragödie Racines zurückgehende Dramma per musica *Mitridate, Re di Ponto*. In Bologna kommt es zur denkwürdigen Begegnung mit dem führenden Musiktheoretiker Giovanni Battista Martini und auch mit dem legendären Kastraten Farinelli.

In Florenz konzertiert er vor dem Großherzog der Toskana, dem künftigen Kaiser Leopold II. In Rom, wo er in der Sixtinischen Kapelle Gregorio Allegris „Miserere" hört und es danach angeblich aus dem Gedächtnis niederschreibt, erhält er von Papst Clemens XIV. die höchste Klasse des Ordens vom Goldenen Sporn verliehen. Im Spätsommer, nach über fünfwöchigem Aufenthalt in Neapel, nehmen Wolfgang und der an den Folgen eines Wagenunfalls laborierende Vater in der Landvilla des Feldmarschalls Pallavicini nahe Bologna Quartier. Im Oktober erhält Wolfgang bei Padre Martini in der Accademia Filarmonica der emilianischen Hauptstadt Kompositionsunterricht, an dessen Ende er per Diplom in die Reihen der ehrwürdigen „Magistros Compositores" aufgenommen wird.

Nach einer Phase intensivsten Komponierens – „Die finger", klagt Wolfgang seiner Mutter brieflich, „thuen sehr weh von so viel Recitativ schreiben" – leitet er am 26. Dezember in Mailand mit überwältigendem Erfolg die Uraufführung des *Mitridate*.

Wolfgang Amadeus im Spätsommer 1777 mit dem „Orden vom Goldenen Sporn" an der Brust (Gemälde, 1777), den ihm Papst Clemens XIV. (unten) in Rom verlieh.

Die Bucht von Neapel – in dieser südlichsten Stadt ihrer Italienreise hielten sich Leopold und Wolfgang Amadeus Mozart immerhin fünf Wochen lang auf. Stich von Anton Cardon 1765.

1771 Am 5. Januar wird Wolfgang zum Ehrenkapellmeister der Accademia Filarmonica von Verona ernannt. Mitte März geht es nach Aufenthalten in Turin, Mailand und Venedig über Padua, Verona und Innsbruck zurück nach Hause (Ankunft am 28. März). In der Tasche hat der Knabe zwei Kontrakte: für *Lucio Silla*, die Mailänder Karnevalsoper 1772/73, und für den Zweiakter *Ascanio in Alba* zur Vermählungsfeier Erzherzog Ferdinands mit Prinzessin Beatrice d'Este von Modena.

Nachdem das Familienoberhaupt bereits 1765 daheim den Umzug in eine geräumigere Wohnung erwogen, jedoch der häufigen Reisen wegen immer wieder aufgeschoben hat, erfährt der Plan zur Übersiedlung durch die einsetzende Pubertät des mittlerweile Fünfzehnjährigen neue Aktualität: „Allein mir ist beygefallen", schreibt Leopold am 20. Februar aus Venedig an seine Frau, „daß wir zu Hause ... so, wie wir (wie die Soldaten) unter einander schliefen, nicht mehr seyn können; der Wolfgang ist nicht mehr 7 Jahre alt etc." Doch es wird nochmals zwei Jahre dauern, bis er in die Tat umgesetzt wird.

Im Laufe des Sommers entstehen vielerlei geistliche Werke und Symphonien, darunter ein *Regina coeli (KV 108)*, die *Lauretanische Litanei (KV 109)* und, auf

PRINCEPS CAETERIQUE
ACADEMICI PHYLHARMONICI.

Omnibus, et ſingulis praeſentes Literas lecturis, felicitatem.

QUamvis ipſa Virtus ſibi, ſuiſque Sectatoribus glorioſum compareт Nomen, attamen pro majori ejuſdem majeſtate publicam in notitiam decuit propagari. Hinc eſt, quòd hujuſce noſtrae PHYLHARMONICAE ACADEMIAE exiſtimationi, & incremento conſulere, ſingulorumque Academicorum Scientiam, & profectum patefacere intendentes, Teſtamur [illegible] Mozart [illegible] ſub die [illegible] Menſis [illegible] Anni 1770 inter Academiae noſtrae [illegible] adſcriptum fuiſſe. Tanti igitur Coacademici virtutem, & merita perenni benevolentiae monumento proſequentes, haſce Patentes, Literas ſubſcriptas, noſtrique Conſeſſus Sigillo impreſſo obſignatas dedimus.

Bononiae ex noſtra Reſidentia die 10 Menſis [illegible] Anni 1770

Princeps. [illegible]

a Secretis.

Jenes Dekret, mit dem die „Accademia Filarmonica" von Bologna im Oktober 1770 die Aufnahme Mozarts in die Reihen der „Magistros Compositores" bestätigte.

Der Canale Grande in Venedig, wie ihn Mozart bei seinen Aufenthalten sah. Stich von M. Marieschi, 2. Hälfte 18. Jh. Gegenüberliegende Seite: Textbuch zur Uraufführung von *Lucio Silla* (1773).

Grundlage eines Textes von Metastasio, das Oratorium *La Betulia liberata (KV 118)*. Eine zweite, kürzere Italienreise (Mitte August bis Mitte Dezember) gipfelt in der Mailänder Uraufführung von *Ascanio in Alba*. Erzherzog Ferdinand, von der „Azione teatrale“ ganz enthusiasmiert, will Wolfgang daraufhin anstellen, wird jedoch von seiner Mutter, der Kaiserin, per Brief von dem Vorhaben abgebracht. Sie glaube nicht, argumentiert sie, daß er, der Sohn, „einen Komponisten oder unnütze Leute nötig hat“.

Mozarts Dienstherren – die Erzbischöfe Siegmund Christoph Graf Schrattenbach (1753–72; unten; Stich von Joh. Baptist Klauber, um 1780) und Hieronymus Graf Colloredo (1772–1803; oben; Gemälde von Xaver König, um 1773).

1772 Hieronymus Graf Colloredo folgt dem im Dezember des Vorjahres verstorbenen Siegmund Christoph Graf Schrattenbach als Salzburger Fürsterzbischof. Aus Anlaß seiner Inthronisation Ende April vollendet W. A. Mozart die einaktige Serenata dramatica *Il sogno di Scipione* (Uraufführung in der Residenz Anfang Mai). In den Monaten davor und danach komponiert er u. a. acht *Symphonien (KV 96, 112, 128–130, 132–134)*, vier *Divertimenti (KV 131, 136–138)*, sechs *Menuette (KV 164)*, diverse *Lieder*, *Litaneien*, *Triosonaten* und mit *O heiliges Band (KV 148)* vermutlich auch sein erstes Freimaurerlied. Ende August ernennt Colloredo Mozart zum besoldeten Konzertmeister seiner Hofkapelle mit einem Jahresgehalt von 150 Gulden.

Ende Oktober reisen Vater und Sohn dann ein drittes Mal Richtung Süden. Ihr Ziel ist einmal mehr Mailand, wo es diesmal *Lucio Silla* einzustudieren gilt.

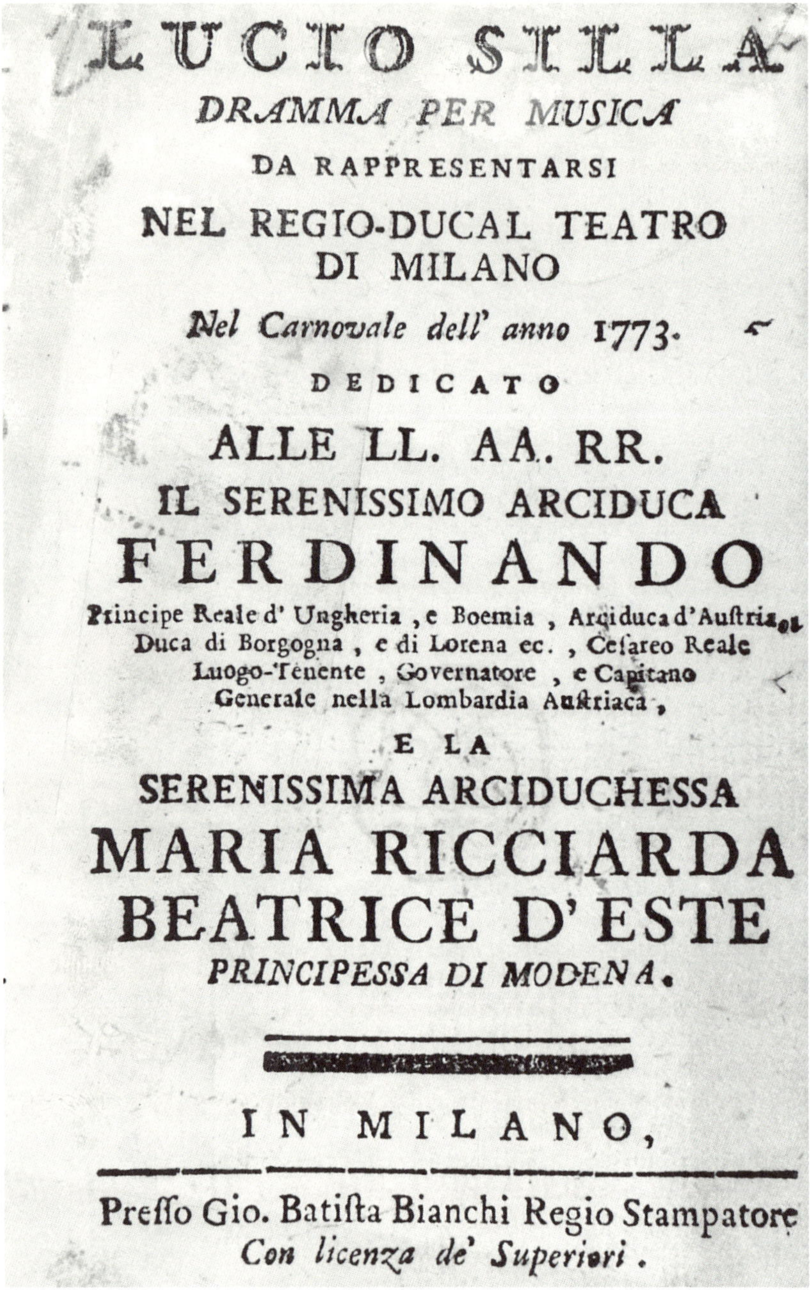

LUCIO SILLA

DRAMMA PER MUSICA

DA RAPPRESENTARSI

NEL REGIO-DUCAL TEATRO
DI MILANO

Nel Carnovale dell' anno 1773.

DEDICATO

ALLE LL. AA. RR.

IL SERENISSIMO ARCIDUCA

FERDINANDO

Principe Reale d' Ungheria, e Boemia, Arciduca d'Auſtria, e
Duca di Borgogna, e di Lorena ec., Ceſareo Reale
Luogo-Tenente, Governatore, e Capitano
Generale nella Lombardia Auſtriaca,

E LA

SERENISSIMA ARCIDUCHESSA

MARIA RICCIARDA
BEATRICE D' ESTE

PRINCIPESSA DI MODENA.

IN MILANO,

Preſſo Gio. Batiſta Bianchi Regio Stampatore

Con licenza de' Superiori.

Die Uraufführung findet unter recht widrigen Umständen – Beginn ist wegen einer Verspätung des Erzherzogs erst drei Stunden nach Eintreffen des Publikums – am 26. Dezember im Teatro Regio Ducal statt. Und obwohl der Dreiakter in der Folge sechsundzwanzigmal vor vollem Haus gespielt wird, soll er Mozarts letzte Oper bleiben, die er für Italien schreibt, jenes Land, in dem er, was er später sehnsüchtig bekennt, wie „in keinem ... mit Ehren empfangen und ... geschätzt worden".

1773 Am 17. Januar kommt in der Mailänder Theatinerkirche die Solomotette *Exsultate, jubilate* zur Uraufführung. Mitte März sind Wolfgang Amadeus und sein Vater wieder daheim. Im Juli erhalten die beiden die erzbischöfliche Genehmigung zu einer weiteren Reise nach Wien, und schon am 5. August empfängt die Kaiserin die beiden, vermutlich in Laxenburg, zur Audienz. Wolfgangs Wunsch nach einer Anstellung am Wiener Hof bleibt freilich unerfüllt. Im Herbst, nach der Rückkehr aus der Kaiserstadt, beziehen die Mozarts endlich ihr neues Domizil am damaligen Hannibalplatz (heute: Makartplatz 8) und entkommen so der mittelalterlichen Enge der Altstadt am linken Salzachufer.

Mozarts Violine (Mittenwald, 1. Hälfte 18. Jh.) – er war von Kindheit an im Geigenspielen geübt. Virtuose wurde er freilich in erster Linie auf dem Klavier.

1774 In einer kurzen, an äußeren Ereignissen vergleichsweise armen, dafür kompositorisch umso produktiveren Lebensphase entstehen u. a. vier *Symphonien (KV 182, 183, 201, 202)*, sechzehn *Menuette (KV 176)*, das *Quintett (KV 174)*, das erste Mozartsche *Klavierkonzert (D-Dur, KV 175)* und die *Missa brevis (KV 194)*. Höhepunkt ist im April die Uraufführung zweier Chöre aus der späteren Oper *Thamos, König in Ägypten* im Kärntnertortheater in Wien. Im Herbst – inzwischen wurde Christoph Willibald Gluck in Wien zum „wirklichen k. k. Hofkompositeur" mit einem Gehalt von 2000 Gulden ernannt – erhält Wolfgang endlich den Auftrag zu einer neuen Oper. Der Hofmusik- und Hoftheaterintendant zu München wünscht eine Opera buffa für die kommende Karnevalsaison. Ihr Name: *La finta giardiniera* oder *Die verstellte Gärtnerin*. Der Librettist: Glucks Textdichter Raniero de Calzabigi. Anfang Dezember fahren Vater und Sohn an die Isar. Die Premiere ist für den 29. angesetzt, findet jedoch in Anwesenheit von Kurfürst Maximilian III. erst am 13. Januar 1775 im Salvatortheater statt.

1775 Vor der Rückreise nach Salzburg Anfang März bleibt trotz eifriger Teilnahme am Faschingstreiben in der bayrischen Metropole noch Zeit, die sogenannte *Spatzen-Messe (KV 220)* und die Offertoriumsmotette *Misericordias Domini (KV 222)* zu schreiben und auch aufzuführen. Wieder daheim, komponiert Mozart in höchster Eile die Festoper *Il Re pastore*. Sie besteht aus Ouvertüre und vierzehn Gesangsnummern und basiert auf einem alten, von Hofkaplan Giambattista Varesco adaptierten Libretto Pietro Metastasios, jenem 1730 in Wien zum „Poeta cesareo“ ernannten Dichter, dessen Texte zu diesem Zeitpunkt von verschiedenen Komponisten insgesamt bereits über achthundertmal vertont worden sind. Am 23. April wird die Geschichte rund um den edelherzigen Alexander den Großen und Aminta, den Schäfer, aus Anlaß des Besuches von Erzherzog Maximilian Franz, dem jüngsten Sohn Maria Theresias, am Salzburger Hoftheater uraufgeführt.

Etwa zu dieser Zeit verebbt Leopold Mozarts einstmals so rege Komponistentätigkeit endgültig.

Der Librettist Pietro Metastasio (oben; Kupferstich von Mansfeld d. Ä., 1776) und Erzherzog Maximilian Franz (unten; Kupferstich, um 1760).

1776 Ungefähr ab Mitte des Jahres werden für Mozart die Umstände in seiner Heimatstadt immer bedrückender. Das Verhältnis zu Erzbischof Colloredo, seinem Herrn und Arbeitgeber, der ihn eng am feudalistischen Gängelband hält, kühlt rapide ab. Was den grollenden Untertan freilich nicht daran hindert, binnen weniger Monate mit unerschöpflichem Elan in großer Menge *Klavier-* und *Violinkonzerte, Kirchensonaten, Serenaden* und *Divertimenti* zu schaffen. Am 3. Januar wird die um wesentliche Teile erweiterte Oper *Thamos, König in Ägypten* aufgeführt, Ende März die *Litaniae de venerabili altaris sacramento (KV 243)*, Mitte Juni die erste *Lodronsche Nachtmusik (Divertimento F-Dur, KV 247)* und ein Monat später aus Anlaß der Vermählung Elisabeth Haffners die *Haffner-Serenade (KV 250)*. Das Gesamt-Œuvre des nunmehr Zwanzigjährigen umfaßt an die 300 Werke.

1777 Als die Mozarts im März wieder einmal um Beurlaubung für eine Reise bitten, lehnt der Landesfürst ab. Daraufhin reicht W. A. sein Entlassungsgesuch ein und macht sich, als diesem stattgegeben wird, Mitte September in Begleitung seiner Mutter mit der Absicht auf den Weg nach Westen, an einem Hof in Deutschland eine adäquate Stelle zu erreichen. Erste Stationen sind München und Augsburg, wo selbst heftiges Antichambrieren kein Ergebnis zeitigt. „Im Namen Gottes! Geduldt!", mahnt der Vater von daheim. „Hier ist es dermalen nichts mit dem Churfürsten", zerstreut der Sohn postwendend alle Hoffnung, schwärmt jedoch von seiner vergnüglichen Augsburger Cousine Maria Anna Thekla: „Wir zwei taugen recht zusammen, denn sie ist auch ein bißchen schlimm. Wir foppen die Leute miteinander, daß es lustig ist."

Folgenreicher sind die Bekanntschaften, die Wolfgang Amadeus, der sich nunmehr Amadé schreibt, in Mannheim knüpft, dem „Paradies der Tonkünstler" (F. H. Jacobi), wo sich „in den Wollüsten der Musik schwimmen" läßt (F. G. Klopstock). Zwar bewirbt er sich auch am Hofe des schöngeistigen Kurfürst Karl Theodor vergeblich, doch schöpft er aus den Freundschaften mit etlichen der famosen Hofmusiker, allen voran mit Kapellmeister Christian Cannabich, für dessen Töchterchen er die *Klaviersonate in C-Dur (KV 309/284b)* schreibt, wertvolle Inspiration. Als schicksalhaft entpuppt sich die Begegnung mit jener Musikerfamilie namens Weber, der eine Generation später der

Unter Kurfürst Karl Theodor von der Pfalz konnte sich Mannheim zu einem Kulturzentrum par excellence entwickeln. Doch obwohl der Kurfürst Mozart überaus gewogen war, gelang es diesem nicht, eine Anstellung zu erhalten. Gemälde von Joh. Georg Ziesenis, um 1770.

Mannheim, die Wahlheimat jener Komponisten, die zur Jugendzeit Mozarts mit ihrem musikalischen Satz die Voraussetzungen für die Entstehung der Wiener Klassik schufen. Stich, 2. Hälfte 18. Jh.

Die von Mozart lange Zeit angebetete Aloisia Weber (1760–1830; Silhouette, um 1777). Unten: Portrait der Familie Mozart von Johann Nepomuk Della Croce, vollendet im Winter 1780/81.

weltberühmte Komponist des „Freischütz“ und „Oberon“, Carl Maria, entspringen wird. Mozart entflammt in Liebe zu Aloisia, der zweitältesten der vier Töchter, einer hochbegabten Sängerin. Sie ist der Grund dafür, daß sich der Mannheimer Aufenthalt von Mutter und Sohn trotz heftigen brieflichen Drängens des Vaters fast fünf Monate lang hinzieht.

1778 Nach einem Abstecher mit den Weberischen (aber ohne Mutter) an den Hof der Prinzessin Caroline von Nassau-Weilburg nach Kirchheimbolanden, wo Mozart und Aloisia gemeinsam auftreten, spricht Leopold Mozart ein Machtwort. Sohn und Mutter reisen endlich weiter nach Paris. Am 23. März erreichen sie die Seine-Metropole. Die Auseinandersetzungen zwischen „Gluckisten“ und „Piccinnisten“, also den höfisch orientierten Befürwortern der französischen Tragédie lyrique und jenen der italienischen Buffa, steuern gerade ihrem Höhepunkt zu. Ein durchschlagender Erfolg bleibt Mozart auch in Paris verwehrt.

Das durch Mozarts deftig-erotische Briefe unsterbliche „Bäsle" alias Maria Anna Thekla Mozart aus Augsburg. Bleistiftzeichnung, um 1777/78.

„Wenn hier ein Ort wäre", urteilt er wenig schmeichelhaft, „wo die Leute Ohren hätten, Herz zum Empfinden und nur ein wenig etwas von der Musik verstünden und Gusto hätten, so würde ich von Herzen lachen. Aber so bin ich unter lauter Vieher und Bestien (was die Musik anbelangt)." Immerhin erhält er einige kleine Kompositionsaufträge. Am 11. Juni wird an der Opéra Jean-Georges Noverres Ballettpantomime *Les petit riens* teilweise mit Mozarts Musik uraufgeführt und unmittelbar darauf im Schweizer Saal der Tuilerien, im „Concert Spirituel", auch seine *Pariser Symphonie (D-Dur, KV 297)*. Doch dann erkrankt seine Mutter (24. Juni) und stirbt (3. Juli). Ende September setzt sich der in der französischen Hauptstadt bar jeglicher Perspektiven Gebliebene enttäuscht und mit beachtlichen Schulden im Gepäck Richtung Deutschland ab. Nach Aufenthalten in Straßburg, das dank dem Wirken der Brüder Silbermann als ein Zentrum des Orgelbaus gilt, in Mannheim und im Kloster Kaisheim bei Donauwörth erreicht er zu Weihnachten München.

1779 Nachdem Aloisia, die inzwischen an der Isar ein Engagement als Sängerin gefunden hat, seinen Heiratsantrag abgelehnt hat, kehrt der verlorene Sohn, vermutlich in Begleitung seines treuen Bäsles, an die Salzach zurück. Mitte Januar tritt er als Hoforganist für ein Gehalt von 450 Gulden wieder in erzbischöfliche Dienste. Es folgt eine Phase des Komponierens in Permanenz. Ein Meisterwerk nach dem anderen entsteht – für die Kirche u. a. *Vespern*, *Lieder* und die *Krönungsmesse in C-Dur (KV 317)*, für weltliche

Joseph Lange (1751–1831), Schauspieler und Gatte Aloisia Webers, der das berühmte unvollende Portrait Mozarts malte. Gemälde, um 1780.

Auftraggeber das *Konzert für zwei Klaviere (KV 365)*, die *Violinsonate B-Dur (378)*, das *Divertimento für Streichquartett und zwei Hörner (KV 334)*, weiters *Märsche*, *Menuette*, die beide *Symphonie in B-Dur (KV 319)* und die *Sinfonia concertante* in *Es-Dur (KV 364)* sowie das nach heutiger Kenntnis allerdings erst 1866 uraufgeführte Singspiel *Zaide*.

Inzwischen ist die Familie Weber von München nach Wien übersiedelt, wo ihr Oberhaupt, Vater Fridolin, am 23. Oktober stirbt.

Aloisia Lange, geb. Weber (um 1760–1839), Mozarts große Jugendliebe und später bevorzugte Sängerin. Gemälde.

1780 Das Arbeitspensum dieses Jahres entspricht jenem des vorigen. Mozart bereichert sein Œuvre u. a. um eine *C-Dur-Messe (KV 337)*, eine *C-Dur-Symphonie (KV 338)* sowie weitere *Vespern*, *Sonaten* und *Menuette*. Im September lernen die Mozarts Emanuel Schikaneder, der mit seiner Truppe von Schauspielern, Sängern und Tänzern die Wintersaison in Salzburg bestreitet, kennen. Beim Kegelschieben und Bölzlschießen kommt man sich näher. Im Oktober heiratet Aloisia Weber in Wien den Schauspieler und Maler Joseph Lange. Inzwischen hat Mozart aus München der Auftrag erreicht, die Karnevals-Seria für 1781 zu schreiben. Den Text aus dem trojanischen Sagenkreis

rund um die Rückkehr des kretischen Königs Idomeneo und die amourösen Komplikationen von dessen Sohn Idamante und den Töchtern des Priamos und Agamemnon, Ilia und Elettra, steuert der in Salzburg ansässige Hofkaplan Giambattista Varesco bei. Am 5. November macht sich der Komponist auf den Weg in die bayrische Residenz, um, wie damals üblich, zusammen mit den Darstellern die Partitur zu vollenden und mit den Proben zu beginnen. Am 29. des Monats stirbt in Wien Maria Theresia. Nachfolger wird ihr Sohn Joseph II.

Der Tod Maria Theresias 1780. Ihr Sohn Joseph II., Förderer Mozarts, beginnt nun als Alleinherrscher mit jener „Revolution von oben", die viele die gemäßigten Reformen Maria Theresias zurückwünschen läßt. Silhouette von Hieronymus Löschenkohl.

1781 Am 29. Januar, zwei Tage nach seinem 25. Geburtstag, leitet Mozart im Residenztheater in Anwesenheit von Leopold und Nannerl die Uraufführung des dreiaktigen Dramma per musica *Idomeneo, re di Creta.* Danach genießt die Familie in vollen Zügen den Münchner Karneval. Mitte März ereilt Wolfgang während eines Verwandtenbesuchs in Augsburg der Befehl von Erzbischof Colloredo, der zwischenzeitlich in Wien weilt, ihm in die Kaiserstadt nachzureisen. Trotz des Zwangs meint er später: „Ich freute mich ordentlich auf Wien und wußte nicht warum." Ob er ahnt, daß ihm die Donaustadt für den Rest seines Lebens zur zweiten Heimat werden sollte?

Das Titelblatt des 1796/97 von Johann Wenzel Schmid erstellten und in Leipzig edierten Klavierauszugs der Oper *Idomeneo.*

Eben noch hochverehrter Gast der bayrischen Hocharistokratie, Freund unter Freunden des exquisitesten Orchesters auf dem Kontinent, findet er sich nun wieder auf einer Stufe mit Köchen und Kammerdienern, im Deutschordenshaus (Singerstraße 7), der Residenz des Erzbischofs, einquartiert und dessen fortwährender unnachsichtiger Kontrolle ausgesetzt.

Als ihm dann noch jedweder Nebenverdienst verboten wird und er ein Konzert vor dem Kaiser wegen anderweitiger Verpflichtungen versäumt, kommt es zum Bruch. Mozart provoziert seine Entlassung und wird von Oberstküchenmeister Karl Joseph Graf Arco mit dem legendären „tritt im arsch bey der thüre hinaus“ verabschiedet.

Gleich nach seiner Ankunft im März hatte Mozart wieder mit den Weberischen Kontakt aufgenommen. Nun gewährt ihm die Frau des Hauses, Maria Cäcilia Weber, im 2. Stock ihres Domizils Ecke Milchgasse/Tuchlauben Unterkunft. Hier knüpft Wolfgang mit Constanze, der Schwester der einst heißgeliebten Aloisia, zarte Bande. Was ihn nicht davon abhält, eifrig eine Existenz als freischaffender Komponist, Pianist und Musiklehrer aufzubauen. Dabei tritt er nicht nur bei Akademien und Soireen des Adels und in den Salons des Bürgertums auf, sondern veranstaltet, wie zu dieser Zeit unter Komponisten und Interpreten durchaus üblich, auch selbst Konzerte auf eigenes Risiko. Durch die Erfolge euphorisch, notiert er über Wien, es sei herrlich, „für mein Metier der beste Ort von der Welt“.

Ende Juli erhält er Johann Gottlieb Stephanies Libretto für die *Entführung aus dem Serail*. Bereits ein Monat später ist der erste Akt des Singspiels fertig. Anfang September übersiedelt Mozart „wegen dem Geschwätze der Leute“ aus dem Weberschen Haus in ein Zimmer am Graben. Am Tag vor Weihnachten kommt es in der Hofburg zum berühmten Wettspiel zwischen ihm und dem Klaviervirtuosen Muzio Clementi.

Der zu Mozarts Zeit hochberühmte italienische Pianist und Komponist Muzio Clementi.

Constanze Mozart, geb. Weber (1762–1842), in Öl verewigt von ihrem Schwager Joseph Lange im Jahr 1782.

1782 Während des Frühjahrs, das vorwiegend über der Arbeit an der *Entführung* vergeht, ersucht Mozart seinen Vater – vorerst vergeblich – um die Einwilligung in eine Heirat mit Constanze. Ende Mai beginnt die Konzertserie im Augarten. Am 16. Juli dirigiert er am Burgtheater, nach Überwindung leidiger Kabalen, mit großem Erfolg die Uraufführung seines neuen „komischen Singspiels in drei Akten". „Alles unser Bemühen", stellte Goethe später fest, „uns im Einfachen und Beschränkten abzuschließen, ging verloren, als Mozart auftrat. Die ‚Entführung aus dem Serail' schlug alles nieder." Sie schlug auch ein: Bis 1788 wird sie zweiundvierzig Aufführungen erleben und sich damit zu Lebzeiten des Meisters als sein größter Bühnenerfolg erweisen. Noch im selben Monat vollendet er die *Haffner-Symphonie*. Am 4. August führt er Constanze im Stephansdom vor den Traualtar. Kurz darauf sind die Jungvermählten zum Diner bei Christoph Willibald Gluck geladen.

Es folgen unbeschwerte, von Unterrichtsstunden und Konzerten erfüllte Monate. Noch vor Neujahr, mittlerweile hat Mozart zwei weitere Male sein Domizil gewechselt, beginnt er mit der Komposition der großen Serie von *Klavierkonzerten*.

1783 Auch dieses Jahr steht ganz im Zeichen reger Konzerttätigkeit. Vor allem die Mitwirkung an diversen Burgtheater-Akademien bringt Mozart höchstes

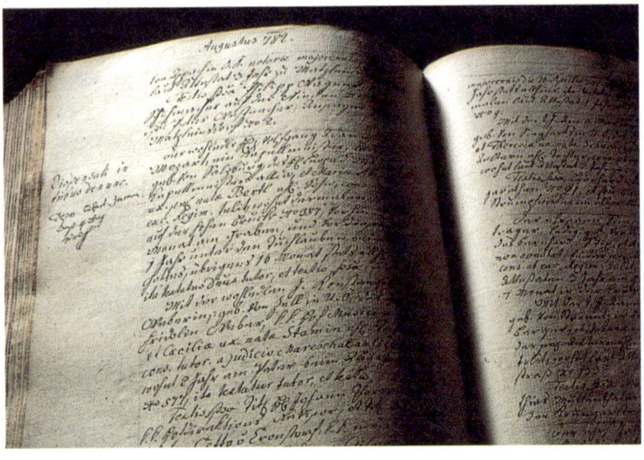

Der schriftliche Beleg für die Ehe, die Wolfgang Amadeus am 4. August 1782 mit seiner Constanze im Wiener Stephansdom einging.

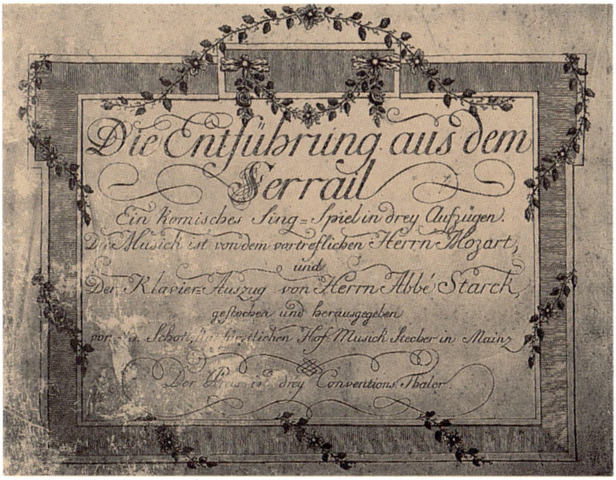

Das Titelblat des ersten Klavierauszugs der *Entführung aus dem Serail.* Er wurde 1785 ohne Wissen des Komponisten von Abbé Starck publiziert.

Lob von Meister Gluck und vom Kaiser ein. In diese Zeit fällt auch Mozarts erster Kontakt zu dem für sein künftiges Opernschaffen so wichtigen Librettisten Lorenzo Da Ponte. Nach zwei weiteren Wohnungswechseln – erst auf den Kohlmarkt, dann auf den Judenplatz – wird Mozart am 17. Juni erstmals Vater. Der kleine Raimund Leopold segnet freilich schon zwei Monate später, von „Gedärmfrais“ befallen, das Zeitliche. Ende Juli holt Wolfgang mit Constanze den lange verschobenen Besuch beim Vater in Salzburg nach. Dort arbeitet er an einer Opera buffa, *Lo sposo deluso ossia La rivalità di tre donne per un solo amante.* Parallel beginnt er Varescos „Opern-Büchl“ zur *Gans von Kairo* zu vertonen. Vermutlich wegen der Schwäche der Texte bleiben beide Werke Torsi.

Am 26. Oktober wird in St. Peter die *c-Moll-Messe (KV 427)* uraufgeführt, tags darauf zur Rückreise nach Wien aufgebrochen. Mozart sagt seiner Heimatstadt, was er nicht wissen kann, für immer adieu. Während eines dreiwöchigen Zwischenaufenthalts bei Graf Thun-Hohenstein in Linz notiert er kurz vor einer Akademie im örtlichen Theater: „Weil ich keine einzige Symphonie bei mir habe, schreibe ich über Hals und Kopf an einer neuen.“ Das Ergebnis, die *Linzer Symphonie (KV 425)*, wird am 4. November aus der Taufe gehoben.

Zwei einflußreiche Wegbegleiter Mozarts: Christoph Willibald Gluck (1714–1787; oben) und der Librettist Lorenzo Da Ponte (1749–1838; unten).

Der Umschlag jenes Werkverzeichnisses, das Mozart seit dem Februar 1784 eigenhändig führte.

Mozarts Schwester Maria Anna alias „Nannerl“. Gemälde, um 1785.

1784 Zu Jahresanfang wird wieder einmal übersiedelt. Die neue Adresse lautet: Trattnerhof am Graben. Im „Monath Febrario“ beginnt der beinahe in Permanenz Komponierende ein „Verzeichnüß aller meiner Werke“ anzulegen, das der Nachwelt bei der Aufarbeitung seines Œuvres unschätzbare Dienste leisten wird. Er greift bei Privatakademien so namhafter Gönner wie Fürst Golycin oder den Grafen Esterházy, Zichy und Pálffy in die Tasten und zum Dirigentenstab. Zugleich feiert er mit zahlreichen Subskriptionskonzerten große (auch materielle) Erfolge. Sein Publikum setzt sich nun sowohl aus Vertretern der Hocharistokratie als auch des Klein- und Finanzadels und des Bürgertums zusammen. Wie Briefe bezeugen, trifft er in dieser Zeit auch persönlich mit zwei italienischen Hauptvertretern der Opera buffa, den Maestri Giovanni Paisiello und Giuseppe Sarti, zusammen.

Am 23. August heiratet Schwester Nannerl in St. Gilgen den Juristen und zweifachen Witwer Johann Baptist Franz von Berchtold zu Sonnenburg. „Potz Saperment!“, gratuliert der Bruder. „Jetzt ist es Zeit, daß ich schreibe, wenn ich will, daß Dich mein Brief noch als eine Vestalin antreffen soll! Ein paar Tage später, und – weg ist's.“ Just am selben Tag streiken Mozarts Nieren und fesseln ihn für mehrere Wochen ans Bett. Am 21. September kommt der zweite Sohn, Carl Thomas, zur Welt (siehe 1858). Wenig später bezieht die Familie ein geräumiges, vergleichsweise luxuriöses Quartier – das heute als Museum adaptierte „Figarohaus“ in der Domgasse. Am 14. Dezember wird Mozart als Freimaurer-Lehrling in die Loge „Zur Wohltätigkeit“ aufgenommen. Drei Wochen später, am 7. Januar, erreicht er den Gesellengrad.

Johann Baptist Franz von Berchtold zu Sonnenburg (1736–1801), Jurist und Nannerl Mozarts Gemahl.

1785 Joseph Haydn besucht Mozart in dessen Wohnung und hört drei der später ihm gewidmeten *Streichquartette*. Im selben Jahr beglückwünscht er den stolzen Vater Leopold bei einer persönlichen Begegnung: „Ich sage ihnen vor gott, als ein ehrlicher Mann, ihr Sohn ist der größte Componist, den ich von Person und den Nahmen nach kenne: er hat geschmack, und über das die größte Compositionswissenschaft.“ In Anwesenheit Leopolds wird im Februar beim ersten der Mozartschen Freitagskonzerte im Casino „Zur Mehlgrube“ das *Klavierkonzert d-Moll (KV 466)* uraufgeführt. Bei einem Abend der „Tonkünstler-Societät“ im Burgtheater Mitte März erklingt erstmals das neue, musikalisch auf der *Messe in c-Moll (KV 427)* fußende Oratorium *Davidde penitente (KV 469)*. Am 1. September, der Vater weilt schon seit Ende April wieder daheim in Salzburg,

Joseph Haydn (1732–1809), den mit Mozart eine gute Freundschaft und gegenseitige Hochachtung verband.

Pierre Augustin Caron de Beaumarchais

läßt der Verlag Artaria die *sechs Streichquartette* für Joseph Haydn sowie u. a. die *Symphonien KV 385, 319* und mehrere *Klavierkonzerte* drucken. Wenig später beginnt Mozart mit der Arbeit an einer neuen Oper – *Le nozze di Figaro (Die Hochzeit des Figaro*, Libretto von Lorenzo Da Ponte nach Beaumarchais). Ebenfalls in dieses Jahr fallen zwei wichtige Freimaurer-Kompositionen – die Kantate *Die Maurerfreude (KV 471)* und die zu Ehren zweier verstorbener Brüder geschriebene *Maurerische Trauermusik (KV 477)*.

Johann Nepomuk Hummel, der 1786–88 als Mozarts Schüler in dessen Haushalt lebte. Unten: die Schönbrunner Orangerie, Kupferstich von Hieronymus Löschenkohl, 1785.

1786 Um die Jahreswende wird der siebenjährige, genial begabte Johann Nepomuk Hummel aus Preßburg Schüler Mozarts und nimmt sogar bei ihm Quartier. Zu Ehren des in Wien weilenden Herzog Albert von Sachsen-Teschen und seiner Gemahlin Erzherzogin Marie Christine, der Schwester Josephs II., geht am 7. Februar in der Orangerie von Schloß Schönbrunn Mozarts Singspiel *Der Schauspieldirektor* über die Bretter (Text von Johann Gottlieb Stephanie d. J.). Der Komponist erhält dafür vom Kaiser fünfzig Dukaten.

Am 1. Mai wird im Burgtheater mit großem Erfolg *Le nozze di Figaro* uraufgeführt, jene aufrührerische Buffo-Oper, deren Textvorlage von Pierre Augustin Caron de Beaumarchais wegen ihrer despektierlichen Darstellung adeliger Sitten kurz zuvor von den Bühnen Frankreichs, Englands und Deutschlands verbannt worden war. In den Wochen davor hat Mozart bei Fürst Auersperg im privaten Rahmen den *Idomeneo* und im Burgtheater eine letzte Akademie dirigiert.

Ludwig van Beethoven (1770–1827; Lithographie von Josef Kriehuber, 1865). Er spielte im April 1787 Mozart – wahrscheinlich in der nie verwirklichten Absicht, bei ihm Stunden zu nehmen – vor.

Am 18. Oktober kommt Mozarts dritter Sproß, Johann Thomas Leopold, zur Welt, der schon vier Wochen später einem Erstickungsanfall erliegt. In einer Advent-Akademie im Casino erklingt erstmals das *C-Dur-Klavierkonzert KV 503*. In ihm kulminiert und endet jene Serie von zwölf Werken dieses Genres, die Mozart in den letzten drei Jahren geschaffen und seinem Subskribenten-Publikum größtenteils persönlich präsentiert hat. Mozarts Wiener Erfolgsphase neigt sich nun ihrem Ende zu. Was beginnt, sind Jahre wirtschaftlicher Bedrängnis.

Am 18. Dezember erblickt im Holsteinschen Eutin Carl Maria von Weber, ein Vetter Constanzes, das Licht der Welt.

1787 Nachdem *Die Hochzeit des Figaro* Anfang Dezember 1786 auch im Nationaltheater von Prag über die Bühne gegangen ist, liegt die böhmische Hauptstadt im Mozart-Fieber. Wobei diesem neben den vorwiegend musikalischen Aspekten wohl auch politische – die Gegnerschaft des deutsch-böhmischen Nationaltheaters gegen die höfisch orientierte italienische Oper – zugrunde liegen. Der vielumjubelte

Lorenzo Da Ponte (1749–1838), kongenialer Librettist Mozarts.

Meister folgt bereits in den ersten Januar-Tagen dem Ruf an die Moldau und erhält dort umgehend den Auftrag zu einer großen Oper für die nächste Saison. „Hier wird", schreibt er an seinen Freund Gottfried von Jacquin nach Wien, „nichts gesprochen als vom – figaro; nichts gespielt, geblasen, gesungen und gepfiffen als – figaro; keine Oper besucht als – figaro und Ewig figaro; gewis grosse Ehre für mich." Vor seiner Rückkehr nach Wien Mitte Februar beglückt er die begeisterten Prager als Dirigent der neuen – obwohl noch in Wien vollendeten, als *Prager* bezeichneten – *D-Dur-Symphonie (KV 504)* und des *Figaro*.

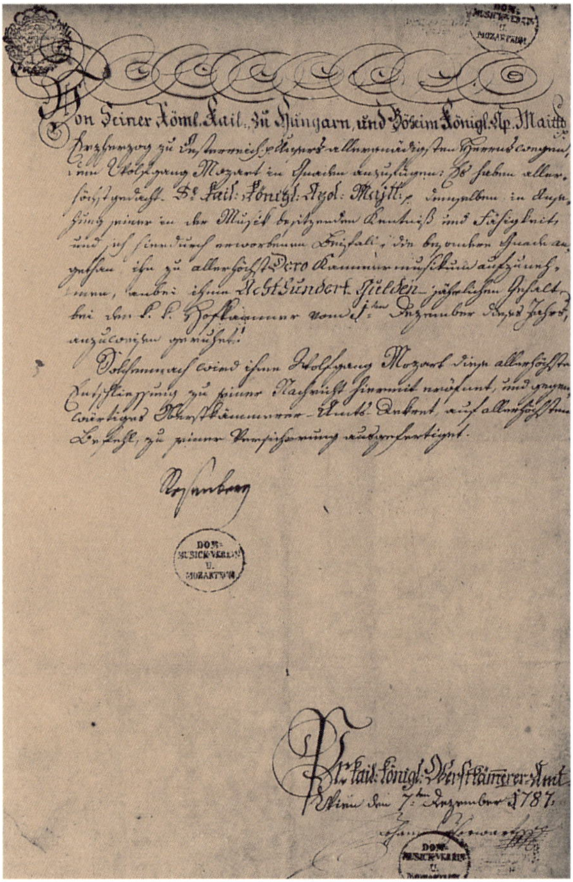

Von Seiner Röml. Kail. zu Hungarn, und Böheim Königl. Ap. Maitt.

Acht Hundert Gulden

Vom k. kail. königl. Oberstkämmerer-Amt
Wien den 7ten Dezember 1787.

DOM-MUSICKVEREIN U. MOZARTEUM

Das Dekret, mit dem Joseph II. Mozart am 6. Dezember 1787 als Kammermusikus mit einem Jahresgehalt von 800 Gulden engagierte.

Anfang April kommt der sechzehnjährige Ludwig van Beethoven nach Wien, nimmt bei Mozart Unterricht, muß allerdings aus familiären Gründen nach zwei Wochen zurück nach Bonn. Kurz darauf beziehen die Mozarts eine preiswertere Bleibe in der Vorstadt Landstraße.

Am 28. Mai stirbt in Salzburg 67jährig Leopold Mozart. Er findet auf dem Sebastiansfriedhof seine letzte Ruhe. Am 10. August vollendet Mozart die *Kleine Nachtmusik (KV 525)*.

Anfang Oktober reist er – um mit dem Ensemble und dem Librettisten Da Ponte *Don Giovanni* einzustudieren – erneut nach Prag. Nachdem er, so will es zumindest die Legende, die gesamte Ouvertüre in der letzten Nacht niedergeschrieben hat, kommt es am 29. des Monats zur triumphalen Uraufführung des zweiaktigen Dramma giocoso um den liebestollen Wüstling im gräflich Nostitzschen National-Theater. Anfang November komponiert er für die Sängerin und enge Freundin Josepha Duschek in deren Landvilla, der sogenannten Bertramka im heutigen Prager Stadtteil Smíchov, eine seiner wohl schönsten Konzertarien: *Bella mia fiamma (KV 528)*.

Wieder in Wien übersiedelt man ein weiteres Mal – zurück in die Innere Stadt. Am 6. Dezember wird Mozart von Joseph II. „in Ansehung seiner in der Musik besitzenden Kenntniß und Fähigkeit, und sich hierdurch erworbenen Beifall" für jährlich 800 Gulden als Kammermusikus engagiert. Am 15. stirbt Gluck, am 27. wird Mozart zum vierten Mal Vater. Die kleine Theresia soll jedoch nur ein halbes Jahr alt werden.

1788 Mit einer Aufführung der *Entführung* im Kärntnertortheater endet vorläufig die Periode des deutschen Singspiels. Während Mozart, abgesehen vom *Klavierkonzert in D-Dur*, dem *Krönungskonzert (KV 537)*, hauptsächlich Tänze für die Ballsaison komponiert, nehmen die finanziellen Schwierigkeiten zu. Es erfolgt der Umzug in ein billiges Vorstadtquartier. Fortan muß er bei seinem Freund und Logenbruder Michael Puchberg immer wieder Schulden machen. Dazu kommen Symptome gesundheitlichen Verfalls. Bei seiner Wiener Erstaufführung am 7. Mai erzielt

Das früheste erhaltene Szenenbild einer *Don Giovanni*-Aufführung – die Kirchhofszene, gefertigt in Mannheim im Jahr 1789. Aquarell von J. Quaglio.

Don Giovanni, obwohl ihn der Kaiser als „himmlisch“ bezeichnet, nur geringen Erfolg, erlebt aber bis zum Jahresende immerhin vierzehn Wiederholungen. Über den Sommer schreibt er seine drei letzten *Symphonien*, jene in *Es-Dur*, *g-Moll* und die *Jupiter* in *C-Dur* *(KV 543, 550* und *551)*. Mozarts Stern als selbständiger Konzertveranstalter ist am erlöschen.

Mozarts Logenbruder und Reisegefährte Fürst Karl Lichnowsky.

1789 Neuerlicher Umzug zu Jahresbeginn. Anfang April reist Mozart in Begleitung seines Logenbruders Fürst Karl Lichnowsky nordwärts über Prag nach Deutschland. An der Moldau gibt ihm der Theaterunternehmer Guardasoni den Auftrag zu einer neuen Oper, der sich freilich später als unseriös erweist. In Dresden spielt Mozart vor Kurfürst Friedrich August III. sein *Krönungskonzert*, in Berlin vor Friedrich Wilhelm II. Der Lohn: ein Auftrag des Preußenkönigs für *sechs Streichquartette* und mehrere *Klaviersonaten*, wieder einmal nicht aber die erhoffte Anstellung am Hof. In Leipzig, wo das letzte Portrait von ihm entsteht, hört Mozart in der Thomasschule, an der Johann Sebastian Bach Kantor war, eine seiner Motetten und reagiert begeistert: „Das ist doch einmal etwas, woraus sich was lernen läßt!“

Im Juli, einen Monat nach seiner Rückkehr, wird Constanze krank und geht das erstemal nach Baden auf Kur. Mitte November gebärt sie ein fünftes Kind, das unmittelbar nach der Niederkunft verstirbt. Mozart verwendet den größten Teil des restlichen Jahres zur

Niederschrift einer neuen Opernkomödie, der zweiaktigen *Così fan tutte*, zu deutsch: *So machen's alle (KV 588)*. Zu Silvester hält er bei sich daheim in Gegenwart Haydns und Puchbergs eine erste Probe.

Krönungszeremonie für Kaiser Leopold II. in der Frankfurter Bartholomäus-Kirche.

1790 Am 26. Januar feiert das neue Bühnenwerk am Wiener Burgtheater erfolgreich Premiere Das teils zynische, teils heitere Libretto um Ferrando und Guglielmo, die ihre Verlobten auf die Probe stellen, indem jeder der beiden das Mädchen des anderen (mit Erfolg) zu verführen versucht, entstammt einmal mehr Da Pontes Feder. Am 20. Februar stirbt Joseph II. Mozarts rapide wachsende Schuldenlast droht seine Kreativität vollends zu lähmen. Zumal sich seine Erwartung, von Leopold II., dem neuen Kaiser, als zweiter Kapellmeister angestellt zu werden, nicht erfüllt.

Im Frühsommer weilt die kränkelnde Constanze wieder in Baden zur Kur. Ende September macht er sich hoffnungsvoll auf die Reise zu Leopolds Krönung. Doch bei den dortigen Feierlichkeiten wird er übergangen. Zwei Trostpflaster: Auf der Rückreise konzertiert er vor dem Mainzer Kurfürsten in dessen Schloß, und in Mannheim wohnt er der ersten deutschen Aufführung des *Figaro* bei. In seiner Abwesenheit ist Constanze in die Rauhensteingasse, ihr letztes gemeinsames Quartier, übersiedelt.

Die Ankündigung der Uraufführung von *Così fan tutte* im Alten Wiener Burgtheater am 26. I. 1790.

Neues Singspiel.

Im kaiserl. königl. Nazional-Hoftheater
wird heute Dienstag den 26ten Jäner 1790 aufgeführt:
(zum erstenmal)
COSI FAN TUTTE,
O SIA:
LA SCOLA DEGLI AMANTI.
So machen sie's, oder: die Schule der Liebhaber.
Ein komisches Singspiel in zwey Aufzügen.
Die Poesie ist vom Hrn. Abbate da Ponte, Dichter des italiänischen Singspiels beym k. k. Hoftheater.
Die Musik ist vom Herrn Wolfgang Mozart, Kapellmeister in wirklichen Diensten Sr. Majestät des Kaisers.

Die Bücher sind bloß italiänisch beym Logenmeister für 24 kr. zu haben.

Es ist am verflossenen Sonntage in den k. k. Redoutensäälen eine goldene Frauenzimmerdose verlohren worden, wer selbe gefunden, wird höflichst gebeten, sie gegen gute Rekompens an die theatralische Kasse zu überbringen.

Der Anfang ist um 7 Uhr.

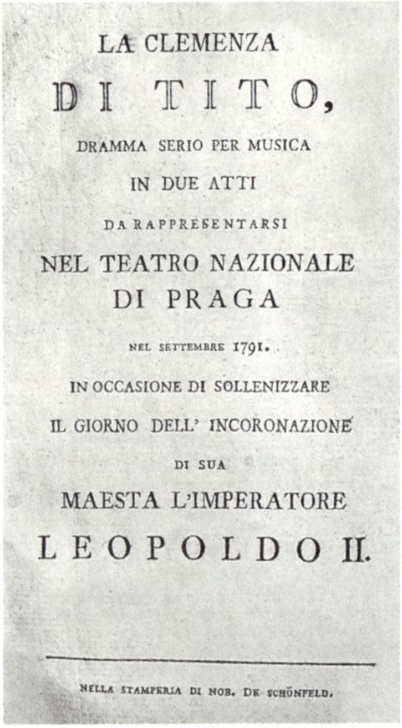
LA CLEMENZA

DI TITO,

DRAMMA SERIO PER MUSICA

IN DUE ATTI

DA RAPPRESENTARSI

NEL TEATRO NAZIONALE

DI PRAGA

NEL SETTEMBRE 1791.

IN OCCASIONE DI SOLLENIZZARE

IL GIORNO DELL' INCORONAZIONE

DI SUA

MAESTA L'IMPERATORE

LEOPOLDO II.

NELLA STAMPERIA DI NOB. DE SCHÖNFELD.

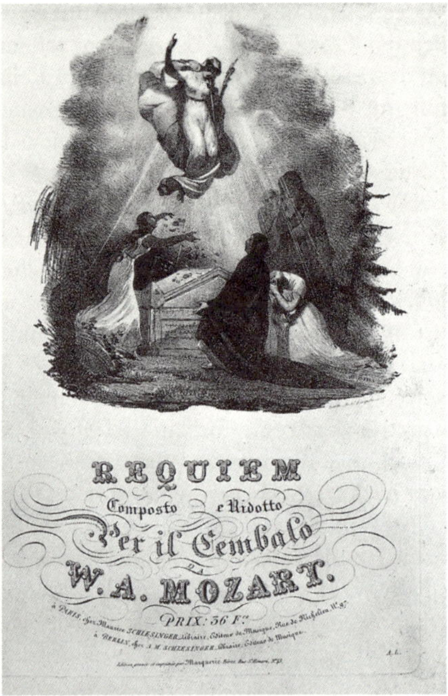

La clemenza di Tito (KV 621): Titelblatt des Librettos, Prag, 1791. Rechts oben: Klavierauszug für das von Franz Xaver Süßmayr komplettierte *Requiem.*

Die beiden Mozart-Söhne Carl Thomas und Franz Xaver Wolfgang. Hans Hansen, um 1798.

1791 Kurz nach Neujahr vollendet Mozart sein *B-Dur-Klavierkonzert (KV 595)*. Er wird es am 4. März bei einer Akademie im Jahnschen Saal, seinem letzten öffentlichen Konzertauftritt, uraufführen. Anfang Mai bekommt er die Funktion eines unbesoldeten Adjunkts des Kapellmeisters zu St. Stephan übertragen. Im selben Monat beginnt er im Auftrag des Prinzipals Emanuel Schikaneder mit der Arbeit an der Freimaurer-Oper *Die Zauberflöte*. Sie wird am 30. September in dessen Freihaus-Theater auf der Wieden mit Mozart am Pult uraufgeführt und wegen großen Erfolges allein im Folgemonat zwanzigmal wiederholt.

Anfang Juni geht Constanze erneut auf Kur. Am 26. Juli schenkt sie einem weiteren Sohn, Franz Xaver Wolfgang, das Leben (siehe 1844). Während einem der häufigen Besuche in Baden schreibt ihr Gatte das *Ave verum corpus (KV 618)*.

Im Juli bestellt ein anonymer Kurier, den romantische Biographen später zum geheimnisumwitterten

Todesboten hochstilisieren, im Auftrag des Logenbruders Franz Graf Walsegg-Stuppach zum Andenken an dessen jung verstorbene Frau ein *Requiem*. Ebenfalls im Juli erhält er von den böhmischen Ständen in Prag den Auftrag zur Komposition einer Krönungsoper. Bereits Ende August reist er mit dem fast fertigen Bühnenwerk samt Gemahlin und dem Kompositionsschüler Franz Xaver Süßmayr, der nach seinem Tod sowohl das *Requiem* als auch das *Hornkonzert* in *D-Dur (KV 412* bzw. *514)* komplettieren sollte, ein drittes Mal nach Prag. Nach einer Festvorstellung des *Don Giovanni* am 2. September erlebt *La clemenza di Tito*, eine Opera seria in zwei Akten nach einem Text von Caterino Mazzolà, im Nationaltheater ihre Uraufführung. Unter den Zuhörern: der soeben zum König von Böhmen gekrönte Leopold II.

Franz Graf Walsegg-Stuppach. Silhouette von François Gonord, 1786.

Am 15. November vollendet der völlig überarbeitete und depressive Mozart, der sich zu diesem Zeitpunkt für akut verfolgt und vergiftet hält, die *Kleine Freimaurerkantate (KV 623)*. Sie kommt drei Tage später anläßlich der Einweihung eines neuen Logentempels zur Aufführung. Am 20. November wird er bettlägerig. Am 4. Dezember gibt er, an Gelenkentzündungen, Lähmungen und Übelkeit leidend, Süßmayr Anweisungen zur Fertigstellung des *Requiems* und hält sogar noch eine Probe ab.

Am 5. Dezember kurz vor ein Uhr nachts erlöscht sein Lebenslicht. Tags darauf findet er in einem anonymen Reihengrab des St. Marxer Friedhofs seine letzte Ruhe.

Ungezählt sind die Legenden, die sich um Tod und Begräbnis des Maestros ranken. Dieser kolorierte französische Stich, „Convoi du Pauvre", befand sich im Besitz von Ludwig van Beethoven, der ihn als symbolische Erinnerung an Mozart in Ehren hielt.

1798 Der tschechische Lehrer und Musikkritiker Franz Xaver Niemetschek veröffentlicht die erste Mozart-Biographie von Bedeutung. Im selben Jahr kündigt das Leipziger Verlagshaus Breitkopf & Härtel den Versuch an, eine Gesamtausgabe der Werke Mozarts zu erstellen – ein kühnes, editorisches Unterfangen, das der Firma freilich erst in den Jahren 1877–83 (mit Anhang bis 1910) tatsächlich gelingt.

Georg Nikolaus Nissen (1761–1826), Constanzes zweiter Mann. Gemälde von Ferdinand Jagemann, 1809.

1828 In Leipzig erscheint die von Constanzes zweitem Mann, dem Diplomat Georg Nikolaus Nissen, verfaßte, nach dessen Tod von der Witwe posthum herausgegebene Mozart-Biographie.

1829 Am 29. Oktober stirbt in Salzburg Mozarts Schwester, das Nannerl. Kurz zuvor hat der englische Komponist und Verleger Vincent Novello auf der Pilgerfahrt zu den Wirkstätten seines Heroen Wolfgang Amadeus in Salzburg Station gemacht und dessen Schwester ein unter der Londoner Verehrerschaft gesammeltes Geldgeschenk überreicht.

Titelblatt des Ersten Bandes der 1798 bei Breitkopf & Härtel erschienenen „Gesammelten Werke“.

1841 Erzbischof Friedrich zu Schwarzenberg gründet zur Wiederbelebung der kirchenmusikalischen Tradition den Dom-Musik-Verein und, als „musikalische Lehr- und Übungsanstalt“ sowie zum Gedenken an den großen Sohn der Stadt, das „Mozarteum“.

Sebastiansfriedhof in Salzburg mit Constanzes und Leopold Mozarts Gräbern.

1842 Anfang September wird in Salzburg im Beisein der beiden Söhne Ludwig von Schwanthalers Mozart-Denkmal enthüllt. Bereits am 6. März ist, ebenfalls in Salzburg, Mozarts Witwe Constanze aus der Welt geschieden.

Mozarts jüngstes Kind, Franz Xaver Wolfgang (1791–1844)

1844 Am 29. Juli stirbt in Karlsbad Franz Xaver Wolfgang Mozart, das sechste (und zweite überlebende) Kind von Constanze und Wolfgang Amadeus. Er hat als Sohn seines Vaters bereits mit elf ein Klavierquartett publiziert, später bei Sigismund von Neukomm, J. G. Albrechtsberger und Antonio Salieri studiert und ab 1808 in Lemberg als Klavierlehrer, Pianist und Komponist gelebt. Konzerttourneen führten ihn durch Rußland, Polen, Österreich, Deutschland, Dänemark und Italien. Als Komponist hinterließ er Klavierkonzerte, Kammer- und Klaviermusik, Chorwerke und Lieder. Sein Nachlaß, den er dem Dom-Musik-Verein und Mozarteum vermachte, barg zahlreiche Erinnerungsstücke und auch Kompositionsfragmente seines Vaters.

Ludwig Ritter von Köchel (1800–1877). Er verfaßte das „Chronologisch-thematische Verzeichnis sämtl. Tonwerke W. A. Mozarts“.

1858 Am 2. November stirbt in Mailand Mozarts ältester Sohn, Carl Thomas, der zwar zeitweilig ebenfalls Komposition studiert hat, jedoch schon ab 1797 in Livorno eine Kaufmannslehre absolvierte und später in Mailand endgültig eine Beamtenlaufbahn einschlug.

1862 Bei Breitkopf & Härtel erscheint Ludwig Ritter von Köchels „Chronologisch-thematisches Verzeichniss sämmtlicher Tonwerke Wolfgang Amadé Mozart's“. Und zwar „Nebst Angabe der verloren gegangenen, unvollendeten, übertragenen, zweifelhaften und unterschobenen Compositionen desselben“. Es umfaßt 626 Werke, darunter 20 Opern und Singspiele, 41 Symphonien, 32 Konzerte für ein oder mehrere Soloinstrumente und 41 Konzerte für ein oder mehrere Klaviere.

Wolfgang Nikolaus Pertl
Salzburg 1667–1724
St. Gilgen
⚭
Eva Rosina Barbara Altmann
Stein/Donau 1681–1755
Salzburg

Johann Georg Mozart
Augsburg 1679–1736
⚭
Anna Maria Sulzer
Augsburg 1696–1766

Fridolin Weber
Zell am Wiesental 1691–1754
⚭
Maria Eva Chelar
1698–1774

Anna Maria Walpurga Pertl
St. Gilgen 1720–1778 Paris
⚭
Johann Georg Leopold Mozart
Augsburg 1719–1787 Salzburg

Franz Alois Mozart
Augsburg 1727–1791
⚭
Maria Viktoria Eschenbach
1727–1808

Fridolin Weber
Augsburg 1733–1779
⚭
Maria Cäcilia Stamm
1727–1793

Franz Anton Weber
Augsburg 1734–?
⚭
Genoveva Brenner
1764–1798

Maria Anna Walburga
Ignatia Mozart
⚭
Joh. Bapt. Freih. Berchtold
zu Sonnenburg
1736–1801

Maria Anna Thekla Mozart
„Bäsle“
Augsburg 1758–1841

Josepha Weber
1759–1819
⚭ 1. Franz Hofer 1755–1796
⚭ 2. Fr. S. Mayer 1773–1835

Aloisia Weber 1761–1839
⚭
Joseph Lange 1751–1831

Sophie Weber 1763–1846
⚭
J. Haibel 1762–1826

Carl Maria von Weber
Augsburg 1786–1826
⚭
Caroline Brandt
1794–1852

STAMMBAUM DER FAMILIEN MOZART, PERTL UND WEBER

Johann Chrysostomus
Wolfgang Theophilus (Amadeus) Mozart
Salzburg 27. 1. 1756–
5. 12. 1791 Wien
⚭
Maria Constanze
Cäcilia Josepha Johanna Aloisia Weber
Zell im Wiesental 5. 1. 1762–
6. 3. 1842 Salzburg

Raimund Leopold Mozart
1783

Carl Thomas Mozart
1784–1858

Johann Thomas Leopold Mozart
1786

Theresia Constanzia Adelheid
Friedericke Maria Anna Mozart
1787–1788

Anna Mozart
1789

Franz Xaver Mozart
1791–1844

Maria Caroline Friederika Auguste
von Weber 1818–1819

Max Maria Philipp von Weber
1822–1881

Alexander Heinrich Victor Maria
von Weber 1825–1844

England
London
Straße von Dover
Amsterdam
Rotterdam
Niederlande
Dünkirchen
Antwerpen
Gent
Brüssel
Aachen
Lüttich
Köln
Rhein
Deutsches Reich
Leipzig
Österr. Niederlande
Koblenz
Frankfurt
Mainz
Böh
Paris
Mannheim
Seine
Nancy
Ludwigsburg
Strassburg
Ulm
Donau
Loire
München
Augsburg
Dijon
Rhein
Schweiz
Frankreich
Zürich
Lausanne
Innsbruck
Inn
Genf
Lyon
Bozen
Garonne
Brescia
Mailand
Verona
Turin
Padua
Ve
Rhône
Parma
Bologna
Florenz
Ligurisches Meer
Italien
Tyrrhenisches Meer
Mozarts Reisen
Rom

Nach München (Jan./Feb. 1762)

Nach Wien (Sept. 1762 bis Jan. 1763)
Salzburg – Passau – Linz – Mauthausen – Stein – Wien (am 11. Dez. Abstecher nach Preßburg) – Linz – Salzburg

Große Europareise (Juni 1763 bis Nov. 1766)
Salzburg – München – Augsburg – Ulm – Ludwigsburg – Schwetzingen – Mannheim – Frankfurt a. M. – Bonn – Köln – Aachen – Brüssel – Paris/Versailles (November bis April) – London (April 1764 bis Juli 1765) - Gent - Antwerpen – Den Haag/Amsterdam (September 1765 bis März 1766) – Paris/Versailles (Mai bis Juli 1766) – Dijon – Lyon - Genf – Lausanne – Zürich – Schaffhausen – Donaueschingen – Ulm – Biberach – Augsburg – München – Salzburg

Nach Wien (Sept. 1767 bis Jan. 1769)
Salzburg – Lambach – Linz – Melk – Wien (Oktober 1767 bis Januar 1768: Abstecher nach Brünn und Olmütz) - Salzburg

1. Italien–Reise (Dez. 1769 bis März 1771)
Salzburg – Innsbruck – Verona – Mailand – Modena – Bologna – Florenz – Viterbo – Rom – Neapel – Rom – Loreto – Imola – Bologna (Juli bis Okt.) – Mailand – Turin (Okt. bis Dez.) – Verona – Venedig – Vicenza – Brixen – Innsbruck – Salzburg

2. Italien–Reise (Aug. bis Dez. 1771)
Salzburg – Verona – Mailand – Verona – Salzburg

3. Italien–Reise (Okt. 1772 bis März 1773)
Salzburg – Mailand und retour

Nach Wien (Juli bis Sept. 1773)
Nach München (Dez. 1774 bis März 1775)

Nach Paris (Sept. 1777 bis Jan. 1779)
Salzburg – München – Augsburg – Mannheim (Okt. bis März) – Paris (März bis Sept.) – Straßburg – Mannheim (Nov./Dez.) – München – Salzburg

Nach München und Wien (Nov. 1780/März 1781 …)

Von Wien nach Salzburg (Juli bis Okt. 1783)

1. Prag–Reise (Jan./Feb. 1787)
Wien – Prag – Wien

2. Prag–Reise (Okt./Nov. 1787)
Wien – Prag – Wien

Nach Berlin (April bis Juni 1789)
Wien – Prag – Dresden – Leipzig – Potsdam – Berlin – Prag – Wien

Nach Frankfurt a. M. (Sept. bis Nov. 1790)
Wien – Regensburg – Nürnberg – Aschaffenburg – Frankfurt – Mainz – Mannheim – Ulm – Augsburg – München – Wien

3. Prag–Reise (Aug./Sept. 1791)
Wien – Prag – Wien

SALZBURG

Mozarts Geburtshaus in der Salzburger Getreidegasse Nr. 9. Gemälde, anonym, Anfang des 19. Jh.

Venezianisches Cembalo aus dem 17. Jh., ausgestellt im Geburtshaus.

1 Mozarts Geburtshaus (Getreidegasse 9 = Universitätsplatz 14): Das sogenannte „Hagenauerhaus in der Tragasse", in dem am 30. Juli 1751 Maria Anna Walburga Ignatia alias Nannerl und am 27. Januar 1756 um acht Uhr abends Joannes Chrysostomus Wolfgangus Theophilus alias Wolfgang Amadeus Mozart das Licht der Welt erblickten, wurde im 12. Jh. auf dem Boden des Sankt Petrischen Frauengartens erbaut. Anfang des 15. Jh. erstmals urkundlich erwähnt, ging es 1585 in das Eigentum des damaligen Hofapothekers Chunrad Fröschlmoser über, woran noch der Äskulapstab und die geringelten Schlangen am Eingangsportal erinnern. 1703 erwarb die bürgerliche Kaufmannsfamilie Hagenauer das Haus, das damals übrigens auch an seiner Gassenfront nicht die jetzige schlicht-klassizistische, sondern noch eine schön verzierte Rokokofassade aufwies; ähnlich der, die sich an der Seite zum Universitätsplatz hin bis heute erhalten hat. Im November 1747 vermietete Lorenz Hagenauer hier an seinen soeben vermählten Freund Leopold Mozart eine Wohnung im dritten Stock. Sie bestand (und besteht heute noch) aus einer Küche, einem kleinen Kabinett sowie je einem Wohn-, Schlaf- und Arbeitszimmer und

Mozarts Geburtshaus: 26 Jahre lang bewohnte die Familie hier im 3. Stock eine aus Küche, Kabinett, Wohn-, Schlaf- und Arbeitszimmer bestehende Wohnung.

blieb bis zum Umzug in das Tanzmeisterhaus (1773) die Wohnadresse der Komponistenfamilie.

1856 wurde im Geburtshaus eine reichhaltige Ausstellung zu Leben und Werk Mozarts gezeigt. 1880 installierte die Internationale Stiftung Mozarteum darin auf Dauer ein Mozart-Museum, das eine Vielzahl von Instrumenten, Bildern, Autographen, Urkunden und Erinnerungsstücken präsentierte. Kurz vor Ende des Ersten Weltkriegs erwarb die Stiftung das Haus, 1931 errichtete sie im zweiten Stock eine theatergeschichtliche Abteilung.

Johann Lorenz Hagenauer

Das im Geburtshaus ausgestellte Clavichord, das Mozart 1791 beim Komponieren der *Zauberflöte*, der *Clemenza di Tito* und des *Requiems* benützte.

Das vermutlich berühmteste – und vielleicht auch schönste – Portrait des Komponisten: Joseph Langes unvollendetes Ölgemälde aus dem Jahr 1789.

Der Salzburger Dom: Hier wurden Mozarts Eltern getraut, er selbst getauft und viele seiner Werke uraufgeführt.

Im dritten Stock des hinteren Hausbereichs hat man 1985 ein Musterbeispiel einer „Bürgerlichen Salzburger Wohnung zur Mozart-Zeit“ geschaffen. Zu sehen sind, von Tisch und Stühlen, Spiegel und Wanduhr über Kommoden, Kästen und Bildern bis zum Hammerklavier und dem Potschamperl, dem „Pot de chambre“, zahlreiche authentische Möbel und Gegenstände. In der angrenzenden eigentlichen Mozart-Wohnung sind in erster Linie die Originalinstrumente sowie Portraits der Familie, darunter jenes berühmte unvollendete Ölgemälde Joseph Langes, das den 33jährigen Mozart am Klavier zeigt, ausgestellt.

☐ 2 Dom (Domplatz): In dem zwischen 1610 und 1628 nach Plänen Santino Solaris errichteten, frühbarocken Monumentalbau wurden am 21. November 1747 Mozarts Eltern, Anna Maria und Leopold, getraut und empfing Wolfgang Amadeus am 28. Januar 1756 um halb elf Uhr vormittags die Taufe. Für seinen wunderschön hell stuckierten Innenraum schuf Mozart die meisten seiner Messen, Proprien, Offizien, Litaneien, Kirchengesänge und -sonaten. Als Hoforganist, der er ja ab 1779 zwei Jahre lang war, bediente er auch häufig die prachtvolle Orgel des Domes. Sie ist mit ihren 120 Registern und an die 10.000 Pfeifen nach jener des Wiener Stephansdoms die zweitgrößte Österreichs. Ihr Gehäuse stammt von den berühmten Orgelbauern Joseph und Johann Christoph Egedacher.

3 Residenz (Residenzplatz 1): Der weitläufige Wohn- und Regierungspalast der Fürsterzbischöfe diente Mozart während seiner gesamten Salzburger Zeit des öfteren als Aufführungsort. So trat er hier als kleiner Klavier und Violine spielender Wunderknabe zum erstenmal vor Fürsterzbischof Schrattenbach auf, und am 23. April 1775 wurde hier anläßlich des Besuchs von Erzherzog Maximilian Franz, dem jüngsten Sohn Kaiserin Maria Theresias, erstmals die Oper *Il re pastore* in Szene gesetzt. Im Rittersaal, wo Mozart als Mitglied der Salzburger Hofmusik immer wieder Konzerte gab, fand am 12. März 1767 die Uraufführung seines Jugendwerks *Die Schuldigkeit des Ersten Gebots*, einem geistlichen Singspiel, statt.

Die ehemals erzbischöfliche Palastanlage, genannt Residenz, umfaßt über 180, um drei Höfe gruppierte Räume. Mozart trat hier schon als Wunderkind auf.

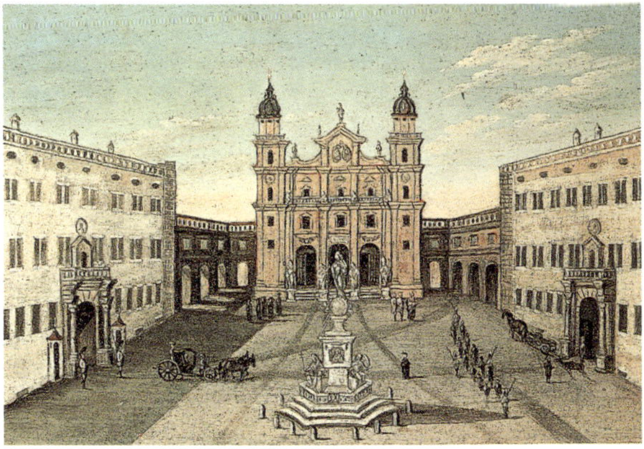

„Der Domplatz mit dem Dom St. Rupert in Salzburg", Gemälde von Karl Schneeweiß, Ende des 18. Jh.

Vom Mittelturm des um 1600 auf Geheiß von Erzbischof Wolf Dietrich errichteten sogenannten Residenz-Neugebäudes erklingen täglich um 7, 11 und 18 Uhr allerlei Melodien, darunter regelmäßig Bearbeitungen von Mozart-Stücken. Die Klangquelle, das aus Uhr- und Walzwerk samt Trommel sowie 35 Glocken bestehende Glockenspiel, wurde 1695 durch Erzbischof Johann Ernst von Thun von einem Gießer aus Antwerpen angekauft, jedoch erst knapp zehn Jahre später von einem örtlichen Uhrmacher in Gang gesetzt.

4 ALTE UNIVERSITÄT/GROSSE AULA (Universitätsplatz, Hofstallgasse): Im Akademischen Festsaal der 1622 von Erzbischof Paris Graf Lodron gegründeten „Alma Mater Paridiana" (Zugang vom Universitätsplatz; im Innenhof links in den ersten Stock) wurde am 13. Mai 1767 Mozarts Bühnenerstling, die Schuloper *Apollo et Hyacinthus*, uraufgeführt. Bereits am 1. September 1761, als Fünfjähriger, war er in der lateinischen Schuloper „Sigismundus Hungariae Rex" als Statist erstmals vor Publikum gestanden. Für diese Art von Theatervorstellungen, die anläßlich der Jahresschlußfeiern der Universität stattfanden, hatte Fürsterzbischof Siegmund Christoph von Schrattenbach als oberster Sittenwächter kurz zuvor übrigens verfügt, daß sie nur noch nach Geschlechtern strikt getrennt zu geben seien.

Die Universitäts- oder Kollegienkirche. Hier wurde im Februar 1769 Mozarts *Missa brevis in d-Moll (KV 65)* uraufgeführt.

Der ideale Rahmen für Mozarts Musik: Schloß Mirabell. Im Bild: das Treppenhaus mit seinem Stuckdekor, dem Marmor-Geländer und den Barockskulpturen Georg Raphael Donners.

Für gewöhnlich ist der prachtvolle, mit Stuck, Goldrahmen und diversen Rosenkranzbildern geschmückte Saal heutzutage versperrt. Doch bieten während der Hochschulwochen öffentliche Vorträge und das restliche Jahr über gelegentlich Konzerte die rare Möglichkeit zur Besichtigung.

5 Kollegien- oder Universitätskirche (Universitätsplatz): In diesem unmittelbar an das Universitätsgebäude angrenzenden Meisterwerk Johann Bernhard Fischer von Erlachs mit seiner bauchig-barocken, von zwei Türmen flankierten Fassade wurde am 5. Februar 1769 die eigens zur Eröffnung des vierzigstündigen Gebets geschriebene *Missa brevis* in *d-Moll (KV 65)* uraufgeführt.

6 Schloss Mirabell (Mirabellplatz): Im Marmorsaal von Schloß Mirabell, wo heute das ganze Jahr über jeweils sonntags Mozart-Matineen stattfinden, konzertierten einst Vater Leopold mit Wolfgang und Nannerl vor dem Fürsterzbischof und dessen Gästen. Ein stimmungsvollerer Veranstaltungsrahmen als jener Landsitz, den Wolf Dietrich von Raitenau 1606 seiner großen Liebe und Mutter seiner zehn Kinder, der angeblich so schönen Kaufmannstochter Salome Alt, errichten ließ und den Lukas von Hildebrandt gut hundert Jahre später im Auftrag von Markus Sittikus barock umgestaltete, ist wohl kaum vorstellbar.

Der Blick vom Mirabellgarten auf das Schloß und die Altstadt gehört zu den Parademotiven auf den Ansichtskarten von Salzburg.

Die Stiftskirche der Erzabtei St. Peter – Uraufführungsort der *Dominicus-Messe* und der *c-Moll-Messe (KV 427).*

„Ich bin das Tor zum Leben. Die ihr gerettet sein wollt, wandelt alle durch mich", lautet die Umschrift im Tympanon des romanischen Portals.

7 STIFTSKIRCHE ST. PETER (Domplatz): Sie ist die altehrwürdigste aller Salzburger Kirchen, wurde doch ihr Vorgängerbau bereits unter dem hl. Rupert im 7. Jh. errichtet. Etwa zur Zeit von Wolfgangs Geburt ließ Abt Beda Seeauer ihr hochromanisches Inneres mit spätbarocken Fresken und Stuck überziehen. Später erklangen hier zwei von Mozarts wichtigsten Sakralwerken zum ersten Mal: am 15. Oktober 1769 die sogenannte *Dominicus-Messe (C-Dur, KV 66)*, die der Dreizehnjährige anläßlich der Primiz seines Jugendfreundes Cajetan Rupert Hagenauer, dem soeben geweihten Pater Dominicus, komponierte und die stilistisch der prunkvoll-virtuosen Tradition der neapolitanischen Schule nahestand; und am 26. Oktober 1783 die unvollendet gebliebene *c-Moll-Messe (KV 427)*, bei der der Maestro höchstpersönlich dirigierte und Constanze eine der beiden Sopranpartien sang.

In der dritten Kapelle des rechten Seitenschiffs findet sich ein Grabdenkmal, bestehend aus einem Kreuz, aus Harfe, Urne und einer Tafel mit den lapidaren Worten „Michaeli Haydn, Nato Die 14. Sept. 1737. Vita Functo Die 10. Aug. 1806". Joseph Haydns jüngerer Bruder, der im angrenzenden Petersfriedhof begraben liegt, war 1763 mit 26 Jahren als Kapellmeister des Fürsterzbischofs in Leopold Mozarts Fußstapfen getreten und hatte später das Amt des Organisten und Konzertmeisters der Benediktiner von St. Peter übernommen. In derselben Kapelle hängt außerdem eine Gedenktafel für Nannerl Mozart. Ihr Wortlaut:

„Monument Der Marianne Freyfrau v. Berchtold zu Sonnenburg. Tochter des fürstlich Salzburgischen Hofkapellmeisters, Leopold Mozart, Schwester Des berühmten Tonkünstlers u. k. k. Hofkapellmeisters Wolfgang Amadeus Mozart und Gattin Des fürstl. Salzburg. Raths u. Pflegers zu St. Gilgen Joh. Bapt. Freyherrn v. Berchtold zu Sonnenburg, gebohrn in Salzburg 30. Juli 1751, gestorben allda 29. Oct. 1829. gesetzt als Beweis innigster Dankbarkeit u. Liebe von ihrem Sohne Leopold Freyherrn v. Berchtold zu Sonnenburg k. k. Gefaells Beamten in Tyrol."

Im Rahmen der Festspiele ist in der Kirche alljährlich besagte *Messe in c-Moll,* und am Vorabend seines Todestages, also am 4. Dezember, des Meisters *Requiem* zu hören.

Die Peterskirche und das gleichnamige Kloster. Als Mozart mit seiner Frau 1783 seine Heimatstadt besuchte, wurde hier die *Große Messe in c-Moll* aufgeführt. Stich von Klauber, 1780.

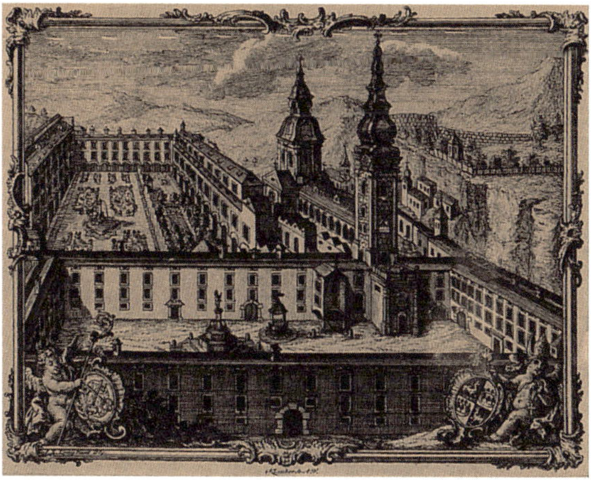

Das seit neuestem wieder in Originalform rekonstruierte sogenannte Tanzmeisterhaus auf dem Makartplatz, in dem die Mozarts seit 1773 wohnten.

8 Mozart-Wohnhaus

(Makartplatz 8): Als den Mozarts 1773, nach der Rückkehr von ihrer letzten Italien- und der dritten Wien-Reise, die Wohnung in der Getreidegasse endgültig zu eng geworden war, übersiedelten sie hinüber in den noch jungen Stadtteil am rechten Salzachufer. Ihre neue Adresse: das sogenannte Tanzmeisterhaus am Hannibalplatz (heute: Makartplatz). Das langgestreckte, teils ein-, teils zweistöckige Gebäude, das seinen Namen der Tatsache verdankt, daß sein Besitzer, ein gewisser Lorenz Speckner, seit Beginn des Jahrhunderts hier Adeligen Tanzstunden gab, diente vielen gutsituierten Studenten der Salzburger Benediktiner-Universität und ihren Hofmeistern als Logis. Die Mozarts bewohnten eine geräumige Acht-Zimmer-Wohnung. Im zugehörigen großen „Tanzmeistersaal“, in dem u. a. ein paar Jahre zuvor Michael Haydn Hochzeit gefeiert hatte, hießen die Mozarts regelmäßig ihre Freunde zum Musizieren und Bölzlschießen, einem damals beliebten Freizeitspaß, willkommen. Und Vater Leopold, der übrigens 1787 in eben diesem Domizil auch starb, stellte hier regelmäßig Klaviere aus, die er von auswärtigen Instrumentenbauern zum kommissionsweisen Verkauf übernommen hatte.

Im „Tanzmeisterhaus“, in dem Wolfgang Amadeus bis 1780 und dann nochmals während seines Besuchs von August bis Oktober 1783 wohnte, entstanden über 150 seiner Werke, darunter die Oper *Il re pastore* sowie

Teile von *La finta giardiniera* und *Idomeneo*. 1856, zum hundertsten Geburtstag des Komponisten, wurde an der Außenfassade der Schriftzug „Mozart's Wohnhaus" angebracht. 1938 mietete die Stiftung Mozarteum drei Räume der ehemaligen Wohnung für Ausstellungszwecke an. Noch vor Ausbruch des Weltkriegs wurde das Haus unter Denkmalschutz gestellt, am 16. Oktober 1944 jedoch beim ersten Alliiertenangriff durch eine 500 kg-Fliegerbombe mit Ausnahme des Tanzmeistersaals zerstört. Auf den Trümmern entstand 1951 ein mehrstöckiges, vollkommen gesichtsloses Bürohaus.

1989 erwarb die Stiftung Mozarteum das „Haus am Makartplatz", rief eine Bausteinaktion zur Wiedererrichtung in seiner ursprünglichen Gestalt ins Leben, und am 26. Januar 1996 konnte – nach Abriß des interimistischen Schandflecks und knapp zweijähriger Bautätigkeit unter finanzieller Unterstützung eines japanischen Versicherungskonzerns – das nach alten Plänen mustergültig rekonstruierte Tanzmeisterhaus eingeweiht werden. Es enthält fünf Schauräume, die – in dieser Reihenfolge – Schriftstücken und Bildern Mozarts und seiner Zeitgenossen (Raum 1), der Bibliothek des Vaters (2), der Schwester Nannerl (3), Möbeln und Requisiten aus Mozarts Umfeld (4) sowie seinen Reisen und der Neuen Mozart-Ausgabe (5) gewidmet sind. Daneben bietet das Haus eine informative Tonbildschau über die Mozartsche Vita, das Mozart-Ton- und Filmmuseum sowie, im Erdgeschoß, einen gut sortierten „Classic Disc Shop".

9 ANTRETTER-HAUS

(Mozartplatz 4): Zwischen der Familie des Landschaftskanzlers und Hofkriegsrates Johann Ernst Edler von Antretter und den Mozarts bestand ein freundschaftliches Verhältnis. Vater Leopold berichtet, Nannerl sei „alle Donnerstag zum Andretter" gegangen, und aller Wahrscheinlichkeit nach hat auch Wolfgang in dem schräg gegenüber dem Café Glockenspiel gelegenen Barockgebäude, das zuvor einer Familie von Rehlingen als Stadtpalais gedient hatte, des öfteren aufgespielt. In die Musikgeschichte eingegangen ist der Name seiner Bewohner durch jene *Antretter-Serenade (KV 185)*, die Mozart 1773 wahrscheinlich als

Das Glockenspiel am Residenz-Neugebäude.

Der Innenhof des Antretter-Hauses auf dem Mozartplatz, wo der kleine Wolfgang aus und ein ging und wohl auch musizierte.

Finalmusik zum erfolgreichen Studienabschluß Judas Thaddäus Antretters komponiert hat. Heute ist von den beiden entzückenden Innenhöfen nur der vordere öffentlich zugänglich. Der hintere mit seiner Hauskapelle ist in Privatbesitz und lediglich vom Eingangsgitter aus zu besichtigen.

10 Robinighof (Robinigstraße 1, nahe Schallmoser Hauptstraße): Auch mit der Familie des aus Villach stammenden Eisenhändlers Georg Josef Robinig von Rottenfeld pflegten die Mozarts freundschaftlichen Umgang. Der kleine Wolfgang war Spielgefährte der Robinig-Kinder Maria Aloisia Viktoria und Georg Sigismund sowohl in deren Stadthaus in der heutigen Sigmund-Haffner-Gasse 14 als auch in deren Anwesen in der Vorstadt Gnigl, dem mitsamt seiner prächtigen Rokoko-Fassade gut erhaltenen Robinighof. Später wurde auch oft gemeinsam musiziert. Vermutlich für die im Robinighof regelmäßig stattfindende „Elf-Uhr-Musik“ schrieb Mozart um 1779 das *Divertimento für Streichquartett und zwei Hörner (KV 334)* samt dazugehörigem *Marsch (KV 445)*.

11 Altes Borromäum (Mirabellplatz 1): Auch in diesem gegen Mitte des 17. Jh. entstandenen, nach außen hin ziemlich abweisend wirkenden Baukomplex, der nach seinem

Erbauer, Erzbischof Paris Lodron, gerne als „Lodronscher Primogeniturpalast“ bezeichnet wird, pflegte Mozart gelegentlich zu musizieren. Für die Gattin des hier wohnhaften Erbmarschalls Ernst Maria Johann Nepomuk Graf Lodron, Maria Antonia, komponierte er in den Jahren 1776 und 1778 zwei *Nachtmusiken (KV 247* und *287)*. Der Gräfin und den beiden Töchtern hat er das *Konzert für drei Klaviere (KV 242)* gewidmet. In dem Palast und dem 1979 auf dem Gelände des ehemaligen fürstlichen Lustgartens errichteten, architektonisch – gelinde gesagt – völlig reizlosen Hintertrakt ist heute die von Studierenden aus aller Welt frequentierte „Hochschule für Musik und Darstellende Kunst Mozarteum“ untergebracht. Zu ihren Stiftern zählen, wie eine Gedenktafel im Eingang vermerkt, u. a. Carl Orff, Ernst Krenek, Paul Hindemith und Wilhelm Backhaus.

12 Haffnersches Haus
(Sigmund-Haffner-Gasse 6): Die Familie Haffner, die in diesem barocken, an dem Marienmedaillon über dem Marmorportal erkennbaren Bürgerhaus wohnte, zählte zu den engen Freunden der Mozarts. Ihr Oberhaupt, Siegmund Haffner der Ältere, war Großhändler und beschaffte gleichsam als inoffizieller Bankier Fürsterzbischof Schrattenbach immer

Ganz nahe der Mozartschen Wohnung im Tanzmeisterhaus, wo die Familie seit 1773 lebte: die Dreifaltigkeitsgasse. Gemälde von Michael Sattler.

wieder zinsfreies Geld. Später wurde er zum Bürgermeister gewählt. Mit seinen Kindern, Sigismund dem Jüngeren und Elisabeth, verband Wolfgang eine innige Freundschaft. Für letztere – genauer: für den Polterabend ihres Gatten Franz Xaver Späth – komponierte er im Sommer 1776 die *Serenade in D-Dur (KV 250).* 1782 schrieb er anläßlich der Nobilitierung Siegmunds eine zweite *Haffner-Serenade,* die er wenig später durch Weglassung des Marsches und eines Menuetts zur gleichnamigen viersätzigen *Symphonie (D-Dur, KV 385)* umarbeitete. Bereits im darauffolgenden Jahr zeigt sich Mozart über die Qualität der en passant entstandenen Musik selbst überrascht: „die Neue Hafner-Sinfonie", schreibt er, „hat mich ganz surprenirt – denn ich wusste kein Wort mehr davon; die muß gewis guten Effect machen."

Das Titelblatt für die 1782 zur Nobilitierung des Freundes Sigmund Haffner komponierte *Symphonie in D-Dur (KV 385).*

Der Mozartplatz mit dem Cafè Glockenspiel und dem im Jahr 1842 von Ludwig Schwanthaler gestalteten Denkmal des Meisters aus Bronze.

13 Kaffeehaus Staiger (heute: Café Tomaselli, Alter Markt 9): In den Räumlichkeiten des jetzigen Cafés Tomaselli, in dem nicht nur zur Festspielzeit tout Salzburg verkehrt, existierte bereits im 18. Jh. ein Kaffeehausbetrieb, und Mozart war darin häufig zu Gast. Im Unterschied zu heute spielte man in der „Staigerischen Caffetterie", auch „Gwölb" genannt, einst zudem Billard und es fanden Theateraufführungen statt. Seine harsche Kritik an der Qualität des Kredenzten – der Maestro bezeichnete den Cafetier als „Patron des brenn-suppen Còffé, der schimmlichten Limonade, der Mandl=Milch ohne mandeln, und insonderheitlich des Erd=beer gefrornen voll eys=brocken" – würde er heute wohl nicht wiederholen.

14 St. Sebastians-Friedhof (Linzergasse): Als Erzbischof Wolf Dietrich von Raitenau Anfang des 17. Jh. im Zuge des Domneubaus den Domfriedhof aufhob, ließ er den zu Füßen des Kapuzinerbergs bereits bestehenden Sebastiansfriedhof maßgeblich umgestalten und erweitern. Im Ostteil der quadratischen, von 84 Arkadenbögen gesäumten Campo Santo-Anlage nahe der Gabrielskapelle, Raitenaus frühbarockem Mausoleum, fanden etliche Mitglieder der Familie Mozart ihre letzte Ruhe.

Die Arkaden des Sebastiansfriedhofs. Im Hintergrund: die von Elia Castello entworfene Gabrielskapelle, das Grabmal Wolf Dietrich von Raitenaus.

So 1755 Wolfgang Amadeus Mozarts Großmutter mütterlicherseits, Eva Rosina Pertl; 1798 Genoveva Weber, die Tante Constanzes und Mutter Carl Maria von Webers; 1805 Nannerls erste Tochter Johanna Maria Anna Elisabeth von Berchtold zu Sonnenburg; 1826 Georg Nikolaus Nissen, Constanzes zweiter Mann; und, für Spurensucher wohl am wichtigsten, 1842 Constanze selbst, sowie, bereits 1787, Vater Leopold Mozart.

Als letzterer dahinging, notierte Abt Dominicus Hagenauer in seinem Tagebuch: „Pfingstmontag, den 28ten Früh starb der hiesige Vice Kapellmeister Leopold Mozart, der Salzburg mit seinen zwey Kindern vor etwas 20 Jahren besonders Ehre gemachet hat ... Der heut verstorbene Vater war ein Mann von vielen Witz und Klugheit, und würde auch ausser der Musick dem Staat gute Dienste zu leisten vermögend gewesen seyn. Er ... hatte aber das Unglück hier immer verfolget zu werden, und war lang nicht so beliebt, wie in andern grössten Ortens Europens."

15 Zauberflötenhäuschen (Schwarzstraße 26/28; im Garten des Mozarteums): In dem kleinen hölzernen Lusthäuschen soll, so will es zumindest die Legende, Mozart im Sommer 1791 Teile der *Zauberflöte* komponiert haben. Angeblich wurde er von Emanuel Schikaneder, dem

Librettisten und Prinzipal, aufgrund der akuten Zeitnot – Premiere war am 30. September – sogar darin eingesperrt. Auch wird berichtet, er habe sich hier mit Sängerinnen und Sängern getroffen, um einzelne Stellen zu probieren. Ursprünglich im Garten des Wiener „Freihaustheaters“, dem „Theater auf der Wieden“, aufgestellt, wurde das „Zauberflötenhäuschen“ von Fürst Starhemberg, als er 1873 das Freihaus verkaufte, an die Internationale Mozartstiftung nach Salzburg verschenkt. Es landete zunächst im Zwerglgarten vis-à-vis Schloß Mirabell, stand hierauf von 1877 bis 1950 auf dem Kapuzinerberg, ehe es, mittlerweile mehrmals restauriert, seinen endgültigen Platz im Bastionsgarten des Mozarteums fand.

16 Petersfriedhof

Auf diesem ältesten aller bestehenden Gottesäcker des deutschen Sprachraums, genauer: in der Kommunegruft, von wo eine in den Festungsberg gehauene Treppe hinauf in die sogenannten Katakomben führt, liegen zu Füßen einer Kreuzigungsszene und einem Dutzend sehenswerter „Totentanz“-Tafeln

Der Petersfriedhof: hier ruhen neben Santino Solari, Clemens Holzmeister und Richard Mayr auch Michael Haydn und Mozarts Schwester Nannerl.

Nannerl Mozart (1751–1829) und Michael Haydn (1737–1806) begraben (siehe u. a. auch Stiftskirche St. Peter). In den seitlich verlaufenden Gruftarkaden finden sich u. a. das klassizistische Marmorgrabmal Johann Lorenz Hagenauers, dem Spezereiwarenhändler, Besitzer des Geburtshauses in der Getreidegasse und engen Freund der Mozarts (Arkade Nr. 16), sowie die letzte Ruhestätte der durch die nach ihr benannte *Serenade* und *Symphonie (KV 250* und *385)* in der Musikgeschichte verewigten Familie Haffner (Nr. 39). Inmitten des Gräberfelds ist Bernhard Paumgartner (1887–1971), der Dirigent, Komponist, Musikhistoriker, ehemalige Mozarteumsdirektor und Festspielpräsident, bestattet.

17 Barisani-Haus

(Nannerls Wohnhaus; Sigmund-Haffner-Gasse 12): 1801, nach dem Tod ihres Mannes, übersiedelte Mozarts Schwester Maria Anna, das „Nannerl", nunmehr verwitwete Freifrau von Berchtold zu Sonnenburg, von St. Gilgen in eine Wohnung im dritten Stock dieses dem hochfürstlichen Leibarzt Dr. Silvester Barisani gehörigen Hauses, wo sie bis ins hohe Alter mit Klavierunterricht ihren Lebensunterhalt bestritt, von zahlreichen Mozart-Freunden Besuch erhielt und völlig erblindet am 29. Oktober 1829 starb. Ein Umstand, an den auf der dem Universitätsplatz zugewandten Fassade neben dem Ritzerbogen eine Gedenktafel erinnert. Ein seltsamer Zufall wollte, daß zwei Generationen später, im Jahr 1902, eben hier der Musikwissenschaftler und bedeutsame Mozart-Biograph Erich Schenk (gest. 1974) das Licht der Welt erblickte (Gedenktafel an der Vorderfront).

Ein Straßenmusikant vor dem Mozart-Denkmal: In Salzburg stehen Kunst und Kommerz miteinander in symbiotischer Beziehung.

Constanze Mozart, geb. Weber (1762–1842) – das von vielen Biographen wenig geschätzte „traute Weibchen" des Meisters. Gemälde von Hans Hansen, 1802.

18 Nonnberggasse 12
(Constanzes Wohnhaus): Als Mozarts Witwe 1821 mit ihrem zweiten Mann, dem dänischen Diplomaten und späteren Mozart-Biographen Georg Nikolaus Nissen, von Kopenhagen an die Salzach übersiedelte, nahmen die beiden hier, im sogenannten Öbstlerhaus südlich der Altstadt am Fuß des Nonnbergs, Quartier.

19 Alter Markt 11
(Constanzes Wohnhaus): Für kurze Zeit, 1833, wohnte die 1826 ein zweites Mal zur Witwe gewordene Constanze in diesem schönen Patrizierhaus neben dem Café Tomaselli, vis-à-vis dem filigran vergitterten Floriansbrunnen (Gedenktafel im Hauseingang).

Von Ludwig Schwanthaler entworfen und von Johann Stiglmaier in Bronze gegossen: das Mozart-Denkmal auf dem gleichnamigen Platz.

20 Mozartplatz 8

(Constanzes Sterbehaus): In dem ehemaligen Kanonikalhof in der Nordostecke des weiträumigen, ursprünglich nach der nahen Michaelskirche benannten Platzes nahm Constanze Mozart nach dem Tod ihres zweiten Mannes Georg Nikolaus Nissen Quartier. Eine Gedenktafel an der Hausfassade besagt: „In diesem Hause starb am 6. März 1842 Mozarts Witwe Konstanze Nissen, geborene Weber und am 26. Oktober 1846 ihre Schwester Sophie Haibl, Mozarts treue Pflegerin in seiner Todeskrankheit."

21 Mozart-Denkmal

(Mozartplatz): Bereits 1835 regten der Salzburger Sigmund von Koflern und der aus dem damals preußischen Posen eingewanderte Schriftsteller Julius Schilling die Errichtung eines Denkmals für den großen Sohn der Salzach-Stadt an. Doch es hatten Jahre zu vergehen, ehe der Münchner Bildhauer Ludwig von Schwanthaler, von dem übrigens auch die über dem Isar-Ufer thronende „Bavaria" stammt, die klassizistische Figur entwarf und modellierte. Am 22. Mai 1841, ein Jahr nach der Gründung von „Dom-Musik-Verein" und „Mozarteum", wurde die Bronzestatue im königlichen Münchner Gießhaus von Johann Stiglmaier gegossen, und am 4. September 1842 fand schließlich im Beisein beider Mozart-Söhne – Constanze war wenige Monate zuvor gestorben – die feierliche Enthüllung statt. Franz Xaver Wolfgang, auch bekannt als „Wolfgang Amadeus Mozart (Sohn)", dirigierte dabei eine von ihm zu Ehren seines Vaters eigens komponierte Festkantate. Für die Beschreibung des Denkmals fand ein zeitgenössischer Chronist folgende Worte (wobei sich der Zustand seither geringfügig geändert hat): „W. A. Mozart im Costume seiner Zeit mit dem damals üblichen langen Mantel. Er blickt empor, ein Fuß auf einen Felsen gestützt (seine Heimath), ein Tonsatz auf der Rolle, die Rechte hält den Griffel. Das auf der Vorderseite angebrachte Relief zeigt einen singenden Engel mit einer Orgel (Symbol der Kirchenmusik), rechts davon auf der seinen Theater-Compositionen gerichteten Seite zwey weibliche Figuren, die wie in mittelalterlicher Kraft, gewaffnet, singend, die eine Hand ans Herz gelegt, ihr zu rechten eine Figur, in antikem Costume mit Maske und Lira; links eine Gruppe von Mädchen und Jünglingen, singend und musizierend (Konzert und Kammerstyl); rückwärts eine Lira, begränzt mit Sternen umgeben, die Apotheose noch näher bezeichnend."

22 Mozarteum (Schwarzstraße 26 und 28): Nachdem sich bereits anläßlich des hundertsten Geburtstags von Wolfgang Amadeus (1856) ein Mozart-Bauverein mit dem Ziel konstituiert hatte, dem „Dom-Musik-Verein und Mozarteum" ein eigenes Gebäude zu schaffen, und nachdem aus letzterem 1880 die „Internationale Stiftung Mozarteum" (ISM) hervorgegangen war, trieb die Mozart-Gemeinde die Baubestrebungen energisch voran. Doch nach mehreren fehlgeschlagenen Plänen kam es erst 1907 zum Ankauf der Villa des ehemaligen Innenministers Josef von Lasser in der Schwarzstraße Nr. 24. Zwei Jahre später schrieb man einen Ideenwettbewerb zur Errichtung eines Mozarthauses auf dem zugehörigen Grundstück aus. Über sechzig Architekten sandten Entwürfe ein. Der Münchner Richard Berndl erhielt, vor Max Fabiani, den ersten Preis. Seine Pläne im Stil des Münchner Späthistorismus, einem „klassizistischen Jugendstil", wurden in den Jahren 1910–14 verwirklicht.

Der „Große Saal" des Mozarteums (Schwarzstraße 28). Er faßt 800 Personen und ist u. a. Veranstaltungsort für die Mozart-Matineen der Salzburger Festspiele.

In dem westlichen, bis direkt an die Schwarzstraße heranreichenden Trakt (Hausnummer 28) ist der Große, 800 Personen fassende Konzertsaal samt Foyers, Künstler- und Probenzimmern untergebracht. Die Bronzeplastik in der Eingangshalle stammt von Edmund von Hellmer und stellt „Mozart als Apollon Musagète“ dar. Der unmittelbar angrenzende, etwas zurückversetzte Schultrakt (Nr. 26) – gut erkennbar an den vier allegorischen Knabenfiguren über der Attika – beherbergt die Verwaltungsräume, die Bibliothek und das Präsidium der Stiftung, also gleichsam den Nabel der weltweiten Mozart-Forschung. Weiters, für rund 200 Zuhörer, den sogenannten Wiener Saal und, im Erdgeschoß, Unterrichtsräume der „Hochschule für Musik und darstellende Kunst Mozarteum“. Architektonisches Schmuckstück des Hauses ist im ersten Stock die ganz im Jugendstil gestaltete Stiftungsbibliothek, die neben einer speziellen „Bibliotheca Mozartiana“ mit circa 30.000 Titeln zahlreiche Musik- und Briefautographe der Familie Mozart, Erst- und Frühdrucke sowie zeitgenössische Kopien von Werken Wolfgang Amadeus' und anderer Tondichter des 18. und 19. Jh. umfaßt.

Eine Stadtlandschaft wie eine Mozart-Symphonie. Im Vordergrund Kuppeln und Türme der Fischer von Erlachschen Kollegienkirche; dahinter der Dom.

23 Landestheater mit Marionettentheater

(Schwarzstraße 22 und 24): Dieses dem Mozarteum unmittelbar benachbarte Theater wurde 1892/93 nach Plänen des Architektenduos Ferdinand Fellner und Hermann Helmer anstelle eines zuvor abgerissenen Vorgängerbaus errichtet. Anfänglich als „Stadttheater" bezeichnet, wurde es von Beginn an auch für Opernaufführungen genutzt. Schon kurz nach dem Ende des Ersten Weltkriegs intensivierte die Theaterleitung gemeinsam mit der Opernschule des Mozarteums unter Bernhard Paumgartner die Produktion nicht nur, aber vor allem Mozartscher Bühnenwerke. Von 1922 bis zur nötigen Adaptierung des Festspielhauses (1925) fanden auch die Opernaufführungen der Festspiele hier statt. In der Zweiten Republik hat sich das Haus – trotz der vergleichsweise spärlichen Dotation einer Landesbühne – seinen Ruf als Ort intensiver Opernpflege erfolgreich bewahrt. Speziellen Bezug auf den Genius loci nimmt der von A. D. Goltz gestaltete Bühnenvorhang: Er zeigt eine Apotheose Mozarts inmitten seiner berühmtesten Opernfiguren.

In einem Seitenflügel des Landestheaters ist das weltberühmte Marionettentheater beheimatet. Es wurde 1913 vom akademischen Bildhauer Anton Aicher im Hof des alten Borromäums mit einer Aufführung von *Bastien und Bastienne* ins Leben gerufen. Heute umfaßt das Repertoire des Hauses, das mittlerweile von der dritten Generation der Familie Aicher geführt wird, neben Werken von Rossini, Offenbach, Tschaikowsky und Strauß, vor allem die großen, kompletten Mozart-Opern wie *Die Entführung aus dem Serail, Così fan tutte, Hochzeit des Figaro, Don Giovanni* und *Zauberflöte*.

24 Café-Konditorei Fürst

(Brodgasse 13): 1890 formte der Konditor Paul Fürst in der Zuckerbäckerei im Souterrain dieses Hauses nach langem Experimentieren eine kleine Kugel aus grünem Pistazien-Marzipan, umhüllte sie mit einer Schicht feinen Nougats und steckte sie auf ein Holzstäbchen, tunkte sie daraufhin in dunkle Kuvertüre und ließ sie über Nacht, auf einem Brettchen verankert, trocknen. Schließlich entfernte er das Stäbchen, verschloß das Loch mit Schokolade und wickelte seine süße Kreation in Stanniol. Die Mozartkugel, anfänglich noch „Mozart-Bonbon“ genannt, ward erfunden. 1905 erhielt Fürst für sie bei einer internationalen Ausstellung in Paris eine Goldmedaille. Das Fundament zu einer kulinarischen Weltkarriere war gelegt. Da er es freilich seinerzeit verabsäumt hat, den kulinarischen Geniestreich zu patentieren, lassen neben Norbert Fürst, dem Urenkel und jetzigen Geschäftsinhaber, der die Spezialität heute noch nach überliefertem Rezept und Verfahren herstellt, rund ein halbes Dutzend Nachahmer mehr oder weniger „echte Mozartkugeln“ auf den Weltmarkt rollen.

25 Papagenobrunnen

(Papagenoplatz): Der Brunnen mit der hageren Bronzefigur des Protagonisten der *Zauberflöte* ist ein Werk der Salzburger Bildhauerin Hilde Heger und stammt aus dem Jahr 1960.

26 Mozartsteg

Die Fußgängerbrücke, die auf Höhe des Residenz-Neugebäudes in elegantem Bogen die Salzach überspannt, bietet einen wunderschönen Panoramablick, der von den Ausläufern des Gaisbergs über den Kapuziner- bis zum Mönchsberg den ganzen unvergleichlichen Landschaftsrahmen der Stadt umfaßt. Es ist ein geeigneter Ort, um sich Hugo von Hofmannsthals Diktum über das „Herz vom Herzen Europas“ in Erinnerung zu bringen. Die Stadt sei, schrieb dieser, „in der Mitte zwischen Süd und Nord, zwischen Berg und Ebene, zwischen dem Heroischen und dem Idyllischen“ gelegen. „Als Bauwerk zwischen dem Städtischen und Ländlichen, dem Uralten und Neuzeitlichen, dem barocken Fürstlichen und dem lieblich ewig Bäuerlichen. Mozart ist der genaue Ausdruck von alledem. Das mittlere Europa hat keinen schöneren Raum, und hier mußte Mozart geboren werden.“

MOZARTS SALZBURG FAKTISCH

Vorwahl für Salzburg: 0662
(International: +43-662-)

MUSEEN, GRAB- UND GEDENKSTÄTTEN

MOZARTS GEBURTSHAUS
Getreidegasse 9, Tel. 84 43 13,
Fax 84 06 93 (tägl. 9–18 Uhr;
Mitte Juni–Anfang Sept. 9–19 Uhr).

MOZART-WOHNHAUS
(Tanzmeisterhaus) Makartplatz 8,
Tel. 88 940-40 (tägl. 10–18 Uhr;
Ende Juni–Ende Aug. 9–18 Uhr).

MOZART TON- UND FILM-MUSEUM
(im Tanzmeisterhaus)
Mo, Di, Fr 9–13, Mi, Do 13–17 Uhr.

ZAUBERFLÖTENHÄUSCHEN
(im Bastionsgarten des Mozarteums)
Führungen seit kurzem nur für Gruppen auf spezielle Anfrage unter Tel. 87 42 27-40 möglich. Von außen zu sehen ist das Häuschen auch vom südlichen Seitenbereich des Mirabellgartens aus.

PETERSFRIEDHOF
(Zugang von der Südwestecke des Kapitelplatzes oder durch den Kolleghof bzw. den Äußeren Stiftshof der Erzabtei) Jan.–März und Okt.–Dez. von frühmorgens bis 18; April, Mai und Sept. bis 19; Juni–Aug. bis 20 Uhr).

SEBASTIANSFRIEDHOF
(Zugang von der Linzer Gasse)
April–Okt. 7–19 Uhr,
Nov.–März 7–17 Uhr.

DIVERSE VERANSTALTUNGEN (KARTENVORVERKAUF)

DOMMUSIK
(Domkonzerte, Orgelmatineen)
Kartenbüros, Abendkasse.

FESTSPIELE
Hofstallgasse 1, Postfach 140,
Tel. 80 45-0, 84 45 01, Fax 84 66 82,
Internet: info@salzb-fest.co.at
(Mo–Fr 8–12.30, 13–16.30 Uhr; während der Festspielzeit: 10–12, 15–17 Uhr. Direktverkauf an der Tageskasse des Festspielhauses (während der Festspiele): Mo–Fr 9.30–15 Uhr, zeitweise –17 Uhr.

FESTUNGSKONZERTE
Direktion der Salzburger Festungskonzerte, Anton-Adlgasser-Weg 22,
Tel. 82 58 58, Fax 82 58 59
(tägl. 9–21 Uhr), Kartenbüros.

FRANZISKANERKIRCHE
Messen – Eintritt frei. Orgelkonzerte: siehe Int. Orgelkonzerte.

INTERNATIONALE ORGELWOCHEN
in St. Blasius, Kartenbüros, Abendkasse ab 19 Uhr.

INTERNATIONALE SALZBURGER ORGELKONZERTE Karten, Abendkasse.

INTERNATIONALE SOMMERAKADEMIE
„Mozarteum“: Mirabellplatz 1,
Tel. 88 908-810 (Juli/August 10–12 Uhr, 13–16 Uhr), Kartenbüros.

KULTURTAGE
Kulturvereinigung, Waagplatz 1a (Mo–Fr 8–18 Uhr), Tel. 84 53 46,
Fax 84 26 65, Kartenbüros.

LANDESTHEATER
Schwarzstraße 22, Tel. 87 15 12-0,
Fax 87 15 12-13 (Di–Fr 10–13 Uhr, 17.30–19 Uhr, Sa 10–13 Uhr, 17–18.30 Uhr).

MARIONETTENTHEATER
Schwarzstraße 24 (Mo–Sa 9–13 Uhr und 2 Stunden vor jeder Vorstellung),
Tel. 87 24 06-0, Fax 88 21 41,
Kartenbüros.

MOZART DINNER CONCERT & MOZART-MATINEEN IM SCHLOSS MIRABELL
Konzertdirektion Steinschaden & Hiller, Anif 348, 5081 Anif,
Tel. 06246/76 11 73, Fax 76 11 74,
Kartenbüros.

MOZART-KIRCHENKONZERTE SALZBURG Gesellschaft Musica sacra Salzburg, J.-v.-Eichndorff-Straße 20
(tägl. 8–20 Uhr), Tel. 82 37 88,
Fax 82 38 16, Kartenbüros,
Abendkasse: Tel. 0663/ 86 34 15.

MOZARTEUM (MOZARTWOCHE)
Theatergasse (Mo–Do 9–14, Fr 9–16 Uhr), Tel. 87 31 54,
Fax 87 29 96; Abendkasse:
Tel. 88 940-26, Kartenbüros.

MOZARTSERENADEN
(Schloß Hellbrunn und Mozarteum)
Konzertdirektion Nerat, Lieferinger Hauptstraße 136 (tägl. 9–21 Uhr),
Tel. 43 68 70, 0664/20 34 700,
Fax 43 69 70, Kartenbüro, Abendkasse.

Oper im Heckentheater
siehe Mozart Dinner Concert.

Residenz-Mozart-Matineen
Salzburg Special, Pegiusgasse 5a (Mo–Fr 15–19 Uhr), Tel. 82 47 05, Fax 82 72 03, Kartenbüros.

Salzburg Concerts
Tel. 06212/62 07, Fax 62 07-4 (nur telefon. Kartenbestellungen).

Salzburger Advent
(in der Universitäts-/Kollegienkirche) Kartenbüros.

Salzburger Kammerphilharmonie
Konzertbüro – Henry-Dunant-Straße 16/I, Tel. 62 78 96, Fax 62 78 96-4, Kartenbüros.

Salzburger Schlosskonzerte
Konzertdirektion, Griesgasse 6/I (Mo–Fr 9–17 Uhr), Tel. 84 85 86, Fax 84 47 47, Kartenbüros.

Turmblasen im Advent
am Residenzplatz. Eintritt frei.

BÜCHER, NOTEN, DOKUMENTE ETC.

Bibliothek der Internationalen Stiftung Mozarteum Schwarzstraße 26
(Mo–Fr 9–12 und 14–17 Uhr), Tel. 88 940-13.

SONSTIGES

Salzburger Glockenspiel
(im Residenz-Neugebäude) Führungen (vermutlich wieder ab März 1997) April-Oktober tägl. um 10.45 und 17.45 Uhr (1. Nov.–Ende März nur werktags). Entfällt bei Regen oder Schneefall. Treffpunkt in der Einfahrt des Hauses Mozartplatz 1.

Marmorsaal im Schloss Mirabell
wenn nicht gerade Hochzeiten stattfinden, frei zugänglich Mo, Mi und Do 8.30–16 Uhr, Di und Fr 13–16 Uhr.

EINSCHLÄGIG SORTIERTE BUCHHANDLUNGEN

Höllrigl
Sigmund-Haffner-Gasse 10, Tel. 84 11 46.

Mayrische Musikalienhandlung
(auch Noten) Theatergasse, Tel. 87 35 96.

Dom Buchhandlung
Kapitelplatz 6, Tel. 84 21 48.

Rupertus
Dreifaltigkeitsgasse 12, Tel. 87 87 33-0.

Mora
Residenzplatz 2, Tel. 84 36 20.

Bücher-Stierle
Kaigasse 1, Tel. 84 01 14.

CLASSIC-CD

Katholnigg
Sigmund-Haffner-Gasse 16,
Tel. 84 14 51,

Classic Disc
(im Mozart-Wohnhaus)
Makartplatz 8, Tel. 88 45 42-0,

Music Mirabell,
Rainerstr. 2, Tel. 87 57 75-0.

KAFFEEHÄUSER

Café Tomaselli
Alter Markt 9 (tägl. außer So und Feiertag 7–20.30 Uhr),
Tel. 84 44 88.

Café Glockenspiel
Mozartplatz 2 (tägl. 9–19 Uhr),
Tel. 84 14 03.

Café Bazar
Schwarzstraße 3 (Mo 10–18 Uhr, Di–Sa 7.30–23 Uhr, So geschl.),
Tel. 87 42 78.

MOZARTKUGELN

Café-Konditorei Fürst
(das handwerkliche Original)
Brodgasse 13, Tel. 84 37 59.
Varianten des Österreichischen Nationalbonbons bieten an: Mirabell, Reber, Hofbauer, Hofer, Schmidt und Meinl.

ALLGEMEINE TOURISTISCHE INFORMATIONEN

Salzburg Information
Direktion, Verwaltung –
Auerspergstraße 7, A-5020 Salzburg,
Tel. 88 98 7-0, Fax 88 98 7-32,
E-mail: tourist@salzburginfo.or.at
(Mo–Do 8–16 Uhr, Fr 8–15 Uhr).

Weitere Auskunftsstellen
Information Mozartplatz:
Mozartplatz 5, Tel. 88 98 7-330;
Hauptbahnhof: Bahnsteig 2a,
Tel. 88 98 7-340 od. 87 17 12;
Salzburg-Mitte: Münchner Bundesstraße 1, Tel. 88 98 7-350 od. 43 22 28; Salzburg-Süd: Park & Ride-Parkplatz, Alpensiedlung-Süd, Alpenstraße, Tel. 88 98 7-360;
Flughafen: Ankunftshalle,
Tel. 85 12 11, 85 20 91 od. 85 80-999, Fax 85 34 59 (alle ganzjährig); Salzburg Nord: Autobahnstation Kasern,
Tel. 88 98 7-370 (Ostern–31. Okt.).

Salzburg Guide Service
(Fremdenführer) Pfeifergasse 3/1,
Tel. 84 04 06, Fax 84 54 70.

PRAG

AUF MOZARTS SPUREN IN PRAG

1 Ehemaliges Neues Tor
2 Thun-Palais oder Haus „Zur Eisernen Tür“
3 Bretfeld-Palais oder Haus „Zum Sommer und Frühling“
4 Klementinum
5 Ständetheater
6 Parlamentsgebäude/ ehemaliges Thun-Palais
7 „Zum goldenen Engel“
8 Kirche des hl. Simon und Judas
9 Nostitz-Palais
10 Pachta-Palais
11 Schönborn-Palais
12 Vrtba-Palais
13 Mysliveček-Geburtsort
14a Canal-Palais
14b Buquoy-Palais
14c Hummelsches-Haus
14d Straka-Nedabylice-Palais
14e Hartig-Palais
14f Veits-Dom
15 „Zu den drei Goldenen Löwen“
16 Platteis-Haus
17 Bertramka (Seite 100)
18 „Zum Goldenen Adler“
19 Kloster Strahov
20 Teinschule
21 Sächsisches Haus oder „Zum Steinitz“
22 „Zur Blauen Weintraube"
23 „Zu den drei Geigen"
24 St. Nikolaus-Kirche
25 „Zum Weißen (Goldenen) Einhorn“
26 Karolinum
27 Trcka-Haus
28 Kleinseitner Friedhof

Uraufführungsort
Aufführungsort
Wohnort
Orte wichtiger Begegnungen
Geburt
Tod
Kaffee- & Gasthäuser
Gedenkstätten und Denkmäler

2

5

15

22
27

N
Na Františku
Kozí
8
Dušní
Pařížská
17.listopadu
14a
7
Celetná
20
Staroměstské nám.
27
1
U radnice
Kaprova
26
5
Železná
22
Platnéřská
4
Na Příkopě
Havelská
Rytířská
Karlova
Anenská
13
10
Křižovnická
Skořepka
16
15
Národní

17

24

0 500

1 Ehemaliges Neues Tor

(Neustadt, heute: Senovážné náměstí/Heuwaagplatz): Die Episode erzählt man in der Moldaustadt bis heute gerne: Als Mozart am 11. Januar 1787 zu Mittag in Gesellschaft seiner Gattin, des künftigen Schwagers Franz Hofer sowie des Klarinettisten Anton Paul Stadler zum ersten Mal in Prag einfuhr und zwecks Paßkontrolle vor dem Neuen Tor, das damals noch am Ende des heutigen Platzes Senovážné náměstí stand, haltmachte, sei er vom Zöllner gefragt worden, ob er „der Herr Mozart, der den ‚Figaro' komponiert hat", sei. Nach der Antwort hätten alle Umstehenden gestrahlt und ihn mit einem stürmischen „Seien Sie uns herzlich willkommen!" überrascht. Und als die Reisenden wenig später in der Kutsche des Grafen Thun, auf dessen Einladung sie gekommen waren, durch die Altstadt rollten, hörten sie immer wieder Menschen Melodien aus dem *Figaro* pfeifen und singen. Vor allem das Thema der Arie „Non più andrai ...". Erst kurz zuvor hatte der englische Musikhistoriker Charles Burney in einem vielbeachteten Bericht über seine Reisen durch Europa generell die „besondere spontane Musikalität der Bewohner der böhmischen Länder" konstatiert. Nun hatte der größte Komponist des Kontinents einen persönlichen Vorgeschmack auf ihre Begeisterungsfähigkeit und bedingungslose Anerkennung erhalten. Er empfand es – wie sich zeigen sollte zu Recht – als gutes Omen. Wie sollte Mozart vier Jahre später, bei seinem endgültigen Abschied aus der Moldaustadt seufzen? „Meine Prager verstehen mich wirklich ..."

In Prag hielt sich Mozart – laut eigener Aussage – als Gast „der Gesellschaft großer Kenner und Liebhaber" seiner Musik auf. Kaum verwunderlich, daß er diese Stadt und ihre Menschen als große Wohltat empfand.

Das ehemalige Thun-Palais und heutige Parlamentsgebäude in der Kleinseitner Landtagsgasse (siehe 6 Parlamentsgebäude). Kupferstich von Martin Engelbrecht.

2 Thun-Palais oder Haus „Zur Eisernen Tür“

(Kleinseite, Thunovská/Thungasse 14/180*): Mozarts erster Gastgeber und wichtigster Gönner in Prag, dem er bereits 1783 während eines Aufenthalts in Linz seine *C-Dur-Symphonie KV 425*, die später *Linzer* genannte, gewidmet hatte, war Graf Johann Joseph Thun. Dieser, wie Mozarts Biograph Franz Xaver Niemetschek später schrieb, „edle Kavalier und Kenner der Musik, der selbst eine vortreffliche Kapelle unterhielt“, bot den Mozarts in diesem Palais während der ersten acht Tagen ihres Aufenthalts „Wohnung, Kost und alle Bequemlichkeiten“. Heute dient der stattliche, auch Leslie-Palais genannte Renaissance-Bau mitsamt dem zugehörigen wunderschönen Park Großbritannien als Botschaftssitz.

* Diese Nummern beziehen sich auf die Reihenfolge der Entstehung historischer Gebäude in den jeweiligen Bezirken. Sie sind auf roten Emailschildern an jedem Objekt angeschrieben.

3 Bretfeld-Palais oder Haus „Zum Sommer und Frühling“

(Kleinseite, Nerudova/Nerudagasse 33/243, Ecke Janský vršek/Johannisberg): Noch am Abend des Ankunftstages nahmen die Mozarts an einem Ball im Palais des Johann Freiherrn von Bretfeld teil. Dieser – Jurist, zeitweilig Rektor der örtlichen Universität und ein bedeutsamer Sammler von Bildern und Büchern – pflegte, wie so viele Adelige in dieser kunstbeflissenen Stadt, in seinem prachtvollen Barockpalais in der Spornergasse (Ostruhová), wie die Nerudagasse damals

Giacomo Casanova

Mit seinem Lustspiel „Le mariage de Figaro“, in dem er 1784 die Zustände im Ancien régime verspottete, erzielte Beaumarchais große Breitenwirkung im Volk und Unbehagen bei den Herrschenden. Im Bild: Szene aus dem 1. Akt. Stich von C. N. Malapeau nach Jaques de Saint-Quentin, 1785.

hieß, für die Creme der Prager Gesellschaft regelmäßig Tanzabende zu veranstalten. An diesem Abend machte Mozart die Bekanntschaft von Giacomo Casanova, der ja seit 1785 als Bibliothekar auf dem Waldsteinschen Schloß im nordböhmischen Dux/Duchcov lebte. Ein paar Tage später berichtete er seinem Freund Gottfried Jacquin brieflich nach Wien, er habe auf diesem Fest, „wo sich der Kern der Prager Schönheiten zu versammeln pflegt“, mit großem Vergnügen zugeschaut, „wie alle diese Leute bei der Musik meines Figaro, verwandelt in lauter Contretänze und teutsche, so innig vergnügt gehupft haben. Denn hier wird von nichts gesprochen als von Figaro; nichts gespielt, geblasen, gesungen und gepfiffen als – Figaro. Gewiß große Ehre für mich“.

4 Klementinum

(Altstadt, Karlova/Karlgasse = Křižovnická/ Kreuzherrengasse): Am 13. Januar stattete Mozart dem Klementinum, dem ehemaligen, 1773 von Joseph II. aufgehobenen und drei Jahre später in ärarischen Besitz übergeführten Jesuitenkollegium, einen Besuch ab. Dabei führte ihn dessen Direktor, der Freimaurer Raphael Ungar, durch das Naturalienkabinett und die damals schon 130.000 Bände umfassende Bibliothek. Später richtete man in dem überaus weitläufigen Gebäudekomplex, und zwar in der ehemals dem hl. Eligius, dem Patron der Goldschmiede, geweihten Kapelle, einen „Mozartsaal" ein. Darin werden einige Handschriften des Komponisten aufbewahrt. Allerdings präsentiert sich der schöne, im Rokokostil ausgestaltete Raum heutzutage so gut wie immer versperrt.

5 Ständetheater

(Altstadt, Železná/Eisengasse 11 = Ovocný trh/Obstmarkt 1): Die „hunderttürmige" Königsstadt an der Moldau, in der zu Mozarts Zeit rund 80.000 Menschen – darunter unverhältnismäßig viele aufgeklärte Aristokraten und gebildete Bürger – lebten, besaß damals bereits drei große, der Öffentlichkeit frei zugängliche Bühnen: das 1737 in der Rytířská/Rittergasse hinter der Havel-Kirche erbaute Kotzentheater, wo regelmäßig Opernaufführungen stattfanden; das Thunsche Theater auf dem Kleinseitner Fünfkirchen-

Das Ständetheater (tschechisch: Stavovské divadlo) auf dem Obstmarkt – legendärer Uraufführungsort des *Don Giovanni*. Kolorierte Radierung von Leopold Peukert, um 1793.

platz (siehe: 6 Parlamentsgebäude) und, seit 1783, das „Gräflich Nostitzsche Nationaltheater“. Franz Anton Graf Nostitz-Rieneck, seines Zeichens oberster Burggraf des Königreiches Böhmen, dazu leidenschaftlicher Musikliebhaber und Mäzen, hatte nach Plänen des Architekten Anton Haffenecker im Herzen der Altstadt, auf dem Koliner Platz (heute: Obstmarkt), ein entzückendes Logentheater in lupenreinem Klassizismus erbauen und, seiner aufklärerischen Ambition entsprechend, mit Lessings „Emilia Galotti“ eröffnen lassen.

Zuerst unter der Leitung des Impresarios Karl Wahr, wenig später dann unter dessen Nachfolger Pasquale Bondini und dem Chefregisseur und Sänger Domenico Guardasoni wurde das Haus rasch zur führenden Bühne der Stadt. Legendär ist die hiesige Erstaufführung der *Hochzeit des Figaro* im Dezember 1786, über die Niemetschek berichtete: „Der Enthusiasmus, den die Oper bei dem Publikum erregte, war bisher ohne Beispiel; man konnte sich nicht genug daran hören ...“

Einen heftigen Schub erfuhr das unter den Pragern grassierende Mozart-Fieber, als der Maestro höchstpersönlich mit dem theatereigenen Orchester, in dem viele prominente böhmische Instrumentalisten wirkten, am 19. Januar 1787 die *D-Dur-Symphonie,* die *Prager, (KV 504)* uraufführte und tags darauf eine *Figaro*-Reprise dirigierte. Seinen legendären Höhepunkt erreichte das Fieber am 29. Oktober 1787, als – unter für heutige Verhältnisse erstaunlich bescheidenen Bedingungen und nach mehrmaligem Verschieben – auf den Brettern des Nostitztheaters *Don Giovanni* urauf-

9. Oktober 1787 – ein Schlüsseldatum in der Operngeschichte: im Gräflich Nostitzschen Nationaltheater, dem späteren Ständetheater, geht „per la prima volta“ Mozarts *Il dissoluto punito ossia il Don Giovanni* über die Bühne.

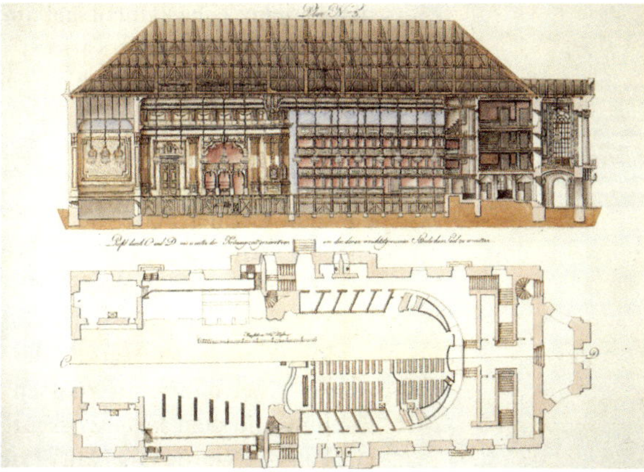

Das National- oder Ständetheater, ein Juwel klassizistischer Architektur, im Grundriß und Profil. Kupferstich von Joh. Berka nach Philipp und Franz Heger, 1793.

geführt wurde. Die „Prager Oberpostamtszeitung" schwärmte damals: „Montag, den 29. wurde von der italienischen Operngesellschaft die mit Sehnsucht erwartete Oper des Meisters Mozard (sic!) ‚Don Giovanni oder das steinerne Gastmahl' gegeben. Kenner und Tonkünstler sagen, daß zu Prag ihres Gleichen noch nicht aufgeführt wurde. Herr Mozard dirigirte selbst und als er ins Orchester trat, wurde ihnen dreimaliger Jubel gegeben, welches auch bey seinem Austritt aus demselben geschah."

Am 6. September 1791 war das Haus ein weiteres Mal Uraufführungsort eines Mozartschen Werkes: der Opera seria *La clemenza di Tito*, die der bereits kränkelnde Meister anläßlich der Krönung Kaiser Leopold II. zum böhmischen König binnen sieben Wochen im Auftrag der Landesstände komponiert hatte.

Kaiser Leopold II., für dessen Krönungsfeiern Mozart *La clemenza di Tito* schrieb. Stich von Mechel, 1790.

Auf den ersten Blick ein wenig verwirrend mutet der im Laufe der Geschichte mehrmals wechselnde Name des Theaterbaus an: So wurde er bereits 1799, als der finanziell bedrängte Graf Nostitz ihn den böhmischen Ständen verkaufte, in „Ständetheater", später dann in „Königliches Landestheater" und 1948 schließlich, nach dem Verfasser der tschechischen Nationalhymne Josef Kajetán Tyl in „Tyl-Theater" umbenannt. 1983 wurde das geschichtsträchtige Haus, in dem unter anderen Carl Maria von Weber und Gustav Mahler als Kapellmeister tätig gewesen waren, in dem Clara

Schuhmann gespielt, Richard Wagner dirigiert und František Škroups „Drahtenbinder", die erste tschechische Oper, das Licht der Bühnenwelt erblickt hatte, zwecks kompletter Restaurierung gesperrt. Unmittelbar davor hatte Milos Forman darin noch Schlüsselszenen seines Films „Amadeus" gedreht. Seit dem Jubiläumsjahr 1991, als der Bau, mustergültig instand gesetzt, mit *Don Giovanni* wiedereröffnet wurde, heißt er wie ehedem „Stavovské divadlo", „Ständetheater".

6 Parlamentsgebäude
ehemaliges Thun-Palais (Kleinseite, Sněmovní/Landtagsgasse 4/176): Wenige Schritte von ihrem Palais in der Thungasse (siehe: 2 Thun-Palais) entfernt, besaß die Familie Thun im ausgehenden 18. Jh. einen weiteren imposanten Palast. Der Bau wurde um 1800 klassizistisch umgestaltet und wenig später als Sitz des böhmischen Landtags adaptiert. Ab November 1918 tagte in ihm, woran eine Gedenktafel erinnert, der frisch konstituierte Senat der Tschechoslowakischen Republik. Und seit wenigen Jahren tritt hier das demokratische Parlament Tschechiens zusammen. Zur Zeit von Mozarts erstem Prag-Aufenthalt war in seinen Mauern das sogenannte „Thunsche Theater auf dem Fünfkirchenplatz" und zugleich die Bondini-Gesellschaft untergebracht. Der Impresario Pasquale Bondini pflegte mit seiner Compagnie hier und im soeben erbauten Nostitz-Theater die Tradition der italienischen Oper, durchbrach diese aber auch, indem er die Prager mit dem Deutschen Singspiel, namentlich der *Entführung aus dem Serail*, vor allem aber mit der *Hochzeit des Figaro* bekannt machte.

7 „Zum Goldenen Engel"
(Altstadt, Celetná/Zeltnergasse 29/588, Ecke Rybná/Fischmarkt): Am 18. Januar 1787, dem achten Tag ihres ersten Prag-Aufenthalts, übersiedelten die Mozarts vom Thun-Palais in die Gaststätte „Das Neue Wirtshaus/Nová Hospoda" in der Zeltnergasse – wohl um näher am Nostitz-Theater zu wohnen, wo Wolfgang Amadeus für die Uraufführung seiner *D-Dur-Symphonie KV 504*, der *Prager*, probte. Hier kompo-

Der Goldene Engel über dem Eingangsportal des gleichnamigen Hauses in der Zeltnergasse, wo die Mozarts 1787 logierten.

nierte er – angeblich – für den Harfenisten Joseph Häusler, der zwar keine Noten lesen konnte, aber genialisch nach dem Gehör zu improvisieren verstand, jenes *Impromptu (KV Anhang 207a)*, nach dessen Melodie jener aus dem Stehgreif sieben Variationen aus den Saiten zauberte. Der klassizistische Bau, dem die Gaststätte um 1840 wich und an dem heute nichts an Mozarts Aufenthalt erinnert, diente den Prager Aufständischen 1848 eine Zeitlang als Kommandantur, und später dem russischen Anarchisten und Revolutionär Michail Bakunin als Logis.

8 Kirche des hl. Simon und Judas (Altstadt, U milosrdných/Barmherzigengasse): Auf der nach wie vor bespielbaren Orgel der zum Spitalskomplex der Barmherzigen Brüder gehörigen

Kirche griffen erwiesenermaßen sowohl Mozart als auch Joseph Haydn in die Tasten. Inzwischen wurde das Gotteshaus säkularisiert und zu einem Konzertraum umfunktioniert.

9 Nostitz-Palais

(Kleinseite, Maltézské náměstí/Malteserplatz 1/471): Der Wohnsitz jenes Adelsgeschlechts, das sich durch den Bau des gleichnamigen Theaters (siehe: 5 Ständetheater) in der Musikgeschichte verewigt hat, war ebenfalls Schauplatz einer Mozartschen Visite. Damals waren in dem mächtigen, um 1660 errichteten Bau die legendäre Nostitzsche Privatbibliothek und auch die Bildergalerie untergebracht. Hier war u. a. Josef Dobrovský als Erzieher angestellt, jener gelehrte Slawist und Verfasser des ersten deutsch-tschechischen Wörterbuches, dessen Gedenkbüste wenige Schritte entfernt, vis-à-vis dem Palais Liechtenstein, steht, und den Mozart in den Januar-Tagen des Jahres 1787 auf einem Gesellschaftsabend bei Graf Pachta kennengelernt hat. Gegenwärtig nutzen die Holländern einen Trakt des Nostitz-Palais als Botschaft. In einem anderen Teil veranstaltet man in einem Empire-Salon regelmäßig für touristisches Publikum (Mozart-) Konzerte.

10 Pachta-Palais

(Altstadt, Anenské náměstí/Annenplatz 4/208): Eine weitere Nobeladresse, an der Mozart adeligen Gastgebern, in diesem Fall dem Generalmajor Johann Joseph Philipp Graf Pachta von Rájow und dessen Gattin Josephine, seine musikalische Aufwartung machte. Mit dem Haus, in dem übrigens nachweislich auch Casanova verkehrte, ist eine nette Anekdote verbunden: So soll der Hausherr Anfang 1787 Mozart, nachdem dieser ihm seine mehrmaligen Bitten um ein paar Tanzkompositionen aus Zeitmangel nicht erfüllt hatte, kurzerhand mit Papier und Schreibzeug in einem Salon eingesperrt und nicht eher herausgelassen haben, bis der solcherart Genötigte sich, durchaus amüsiert, der Pflicht entledigt hatte. Die Frucht der angeblich nur knappen Stunde „in Haft“: die sechs *Deutschen Tänze KV 509*.

Im angrenzenden „Theater am Geländer" („Na zábradlí", Nr. 5/209) übrigens war Präsident Vaclav Havel unter dem kommunistischen Regime lange Jahre gezwungen, sich als Bühnenarbeiter zu verdingen. Später wurden hier viele seiner Stücke erstaufgeführt.

11 Schönborn-Palais

(Kleinseite, Vlašská/Wälsche Gasse 15/365): In diesem Barockpalais, das die in der Kirchengeschichte so bedeutsame rheinische Adelsfamilie Schönborn im 18. Jh. von seinen Erbauern, den Colloredos, gekauft hatte und das heute den USA als Botschaftssitz dient, konzertierte Mozart, so ist verbürgt, während seiner ersten Tage in Prag im Januar 1787. Damals wohnten in der Gasse, wie ja ihr Name verrät, viele Mitglieder der großen italienischen Künstlergemeinde.

12 Vrtba-Palais

(Kleinseite, Karmelitská/Karmelitergasse 25/373): Auch im Renaissance-Palast des Grafen Vrtba, einem engen Freund der Duscheks, demonstrierte Mozart in den Januar-Tagen des Jahres 1787 vor einem kleinen Kreis adeliger Zuhörer seine stupenden Fähigkeiten als Pianist und Violinist.

13 Mysliveček-Geburtsort

(Altstadt, Novotného lávka/Novotný-Steg 1/201): Hier an der Moldau, ganz in der Nähe der Karlsbrücke, wurde in einer der sogenannten Altstädter Mühlen, die seinerzeit das Flußufer säumten, am 9. März 1737 Joseph Mysliveček geboren. Als Komponist zahlreicher Opern, aber auch Oratorien, Symphonien u. a. war er vor allem in Italien zu Ruhm gelangt und dort als „Il Divino Boemo" verehrt worden. Mozart war ihm bereits 1770 in Bologna und später auch in Mailand und München begegnet. Myslivečeks Musik war Wolfgang Amadeus schon in der Kindheit Inspiration und sein beharrliches Zureden brachte den erwachsenen Mozart dazu, nach Prag zu reisen. 1787, sechs

Der „Göttliche Böhme"
Joseph Mysliveček.

Jahre nach dem Tod des väterlichen Vertrauten, spielte Mozart angeblich hier mit dessen Zwillingsbruder Johann gemeinsam Violine. In dem vor gut hundert Jahren im Stil der Neorenaissance auf dem Platz der einstigen Mühle erbauten Haus hat man ein „Museum der tschechischen Musik“ eingerichtet. Es ist aus unerfindlichen Gründen seit Jahren versperrt. Seine Fassade schmückt eine Gedenktafel für den „Göttlichen Böhmen“. Ein paar Schritte entfernt grüßt Friedrich Smetana – überlebensgroß in Bronze gegossen – über den Fluß hinüber zum Hradschin.

14 Weitere Adressen, an denen Mozart vermutlich musizierte: Da die meisten der reichen Aristokraten Prags einen musikalischen Salon samt privater Kapelle unterhielten und Gäste vom Schlage Mozarts unweigerlich von Gesellschaft zu Gesellschaft weitergereicht wurden, ist anzunehmen, daß der Neuankömmling sein Genie binnen kurzem in den meisten Adelspalästen – und auch an den Orgeln der wichtigsten Kirchen – demonstriert hat. Neben den durch authentische Quellen belegten Darbietungen in den oben angeführten Palais und Theatern sind auch Auftritte an folgenden Adressen wahrscheinlich, freilich durch keinerlei Zeugnisse dokumentiert: 14a Canal-Palais (Neustadt, Hybernská/Hibernergasse): Graf Canal von Malabaila, ein einflußreicher Freimaurer und Mäzen, gab in seinem längst der Ab-

Das Haus Novotný-Steg 1 an der Moldau. An dieser Stelle wurde im März 1737 der Komponist und Mozart-Freund Joseph Mysliveček geboren (im Hintergrund: Karlsbrücke und Hradschin).

Das Kleinseitner Ufer, im Hintergrund das Kloster Strahov und der Hradschin. Radierung von Joseph Gregory nach Ludwig Kohl, 1793.

rißbirne zum Opfer gefallenen Palais in der Neustadt, wie die Thun, Pachta, Bretfeld etc. auch, immer wieder musikalische Soireen. Sein botanischer Garten – draußen vor dem Roßtor, nahe den Mauern der Neustadt – war dank des darin befindlichen Konzertpavillons ein beliebter Treffpunkt der musikliebenden Aristokratie; 14b BUQUOY-PALAIS (Kleinseite, Velkopřevorské náměstí/Großprioratsplatz 2/486); 14c HUMMELSCHES HAUS auf der Kampa-, der Teufelsinsel (Hroznová/Traubengasse 7/500); 14d STRAKA-NEDABYLICE-PALAIS (Kleinseite, Maltézské náměstí/Malteserplatz 14/476); 14e HARTIG-PALAIS (Malostranské náměstí/Kleinseitner Ring 12/259 = Tržiště 18) und 14f der VEITS-DOM auf dem Hradschin.

15 „ZU DEN DREI GOLDENEN LÖWEN“ (Altstadt, Uhelný trh/Kohlmarkt 1/420): Zweimal, im Januar und im Oktober 1787, nahmen die Mozarts hier, in dem zweistöckigen Arkadenhaus Ecke Kohlmarkt und Martin- beziehungsweise Schalengasse, das dem Ehepaar Duschek gehörte, Quartier. Eine Tafel an seiner Fassade über dem 1. Stock besagt: „U tomto dome bydlil Mozart u roce 1787“ („In diesem Haus wohnte Mozart im Jahr 1787“). Darunter prangt ein 1956 zum 200. Geburtstag angebrachtes Medaillon mit dem Konterfei des berühmten Bewohners.

Die verehrte Sängerin und Gastgeberin Josepha Duschek. Kupferstich von Joh. Friedr. August Clar nach Joh. Friedr. Haake, 1796.

Mozart im Hause Duschek. Wie authentisch die Darstellung des Medaillons ist, sei dahingestellt. Fest steht, daß Josepha den Gast aus Wien inspirierte. Hinterglasmalerei, 19. Jh.

16 Platteis-Haus (Altstadt, Uhelný trh/Kohlmarkt 11/416): In diesem ältesten Mietshaus der Stadt, das den „Drei Goldenen Löwen" unmittelbar gegenüberliegt, logierte vom 8. Oktober 1787 an eine Woche lang der entlaufene Priester, Buchhändler, Spion und Theaterdichter Emmanuele Pinkerle-Conegliano alias Lorenzo Da Ponte. Der Lebenskünstler, der zu dem Zeitpunkt u. a. bereits das Textbuch für *Figaros Hochzeit* verfaßt hatte, war nach Prag gekommen, um, wie es bei Premierenvorbereitungen seinerzeit üblich war, gemeinsam mit dem Komponisten noch am Libretto für *Don Giovanni* zu feilen und, wie er später in seinen Memoiren berichtete, „den Schauspielern ihre Rollen einzustudieren". Von Fremdenführern und Musikhistorikern mit Hang zum Anekdotischen bekommt man die hübsche Geschichte erzählt, Komponist und Dichter hätten einander von Fenster zu Fenster über den Fortgang ihrer Arbeit verständigt. Im vorigen Jahrhundert besaß der weitläufige klassizistische Bau, in dessen Straßenlokal sich gegenwärtig eine Verkaufsgalerie mit dem originellen Namen „U Mozarta" einquartiert hat, einen Konzertsaal, in dem 1840 und 1846 auch Franz Liszt gespielt hat.

Die Villa Bertramka in einer Ansicht von 1830. In diesem von Weingärten umgebenen Landsitz bereitete das Ehepaar Duschek Mozart stets einen herzlichen Empfang.

17 Bertramka

(Prag 5, Smíchov, Mozartova 2/169):
Die Villa Bertramka im heutigen Arbeiterbezirk Smíchov ist, neben dem Ständetheater (siehe: 5 Ständetheater), die mit Abstand bedeutendste Mozart-Gedenkstätte Prags. Das Anwesen, das seinerzeit inmitten idyllischer, zum Besitz der altehrwürdigen Kartause Sankt Maria am Ouejz gehörigen Weingärten lag, wurde um 1700 von einem Kleinseitner Bürger namens Johann Franz Pimskorn als Landgut errichtet und – nach etlichen Besitzerwechseln – am 23. April 1784 von der Sängerin Josepha Duschek erworben. Diese hatte bereits im Sommer 1777, als sie mit ihrem als Pianist, Klavierpädagoge und Komponist aktiven Gatten Franz Xaver in Salzburg ein Gastspiel gegeben hatte, mit der Familie Mozart Freundschaft geschlossen. Als Wolfgang Amadeus mit Constanze Anfang Oktober 1787 nach Prag kam, um die Premiere des *Don Giovanni* vorzubereiten, quartierten die Duscheks, die ihn schon lange zu einer Reise an die Moldau gedrängt hatten, auf ihrem Landsitz ein. Hier, in der ländlichen Ruhe, vollendete er – teils in seinem Eckzimmer, teils auf einem steinernen Tisch im angeschlossenen Garten – die Partitur der neuen Oper. Die Wochen in Prag vor und nach der Premiere bezeichnete er im nachhinein als die glücklichsten seines Lebens.

Eingang und Villa heute. Hier ist die wichtigste Prager Mozart-Gedenkstätte untergebracht.

Untrennbar mit der Bertramka ist auch jene Anekdote verbunden, nach der die Duschek ihren Gast am 3. November, mit Schreibutensilein versehen, in einem Pavillon des Gartens eingesperrt habe, um von ihm die

Niederschrift einer lange versprochenen Konzertarie zu erzwingen. Mozart hat sich für den Scherz mit dem unsterblichen *Bella mia fiamma (KV 528)* revanchiert. Und mit der dank der Prima-Vista-Fähigkeiten der Gastgeberin zum Glück nicht verwirklichten Drohung, er würde das Opus vernichten, wenn Josepha das harmonisch kühn komponierte Stück nicht beim ersten Mal fehlerfrei singe.

Als Mozart zur Produktion der Krönungsoper *La clemenza di Tito* Ende August 1791 erneut nach Prag kam, nahm er wieder in der Bertramka Quartier.

1956 wurde in der Villa aus Anlaß des 200. Geburtstags des prominenten Gastes ein äußerst sehenswertes Museum eingerichtet. Es dokumentiert anhand unzähliger Originalschriften, -bilder und -objekte Mozarts Wirken in Prag, das seinerzeitige kulturelle Leben in der Stadt und die spätere Rezeption seiner Werke. Seit kurzem finden in der Sala terrena – und im Sommer auf der ihr vorgelagerten Terrasse – regelmäßig Kammermusikkonzerte statt.

18 „Zum Goldenen Adler" (Kleinseite, Malostranské náměstí/Kleinseitner Ring 14–15/203–204, Ecke Zámecká): An der Stelle des heutigen Gebäudes mit der Apotheke im Erdgeschoß stand seinerzeit eines jener Bürgerhäuser, die das Ehepaar Duschek in der Stadt besaß. Mozart war hier erwiesenermaßen zu Besuch, blieb allerdings kein einziges Mal über Nacht.

Der Kleinseitner Ring wie Mozart ihn zu Gesicht bekam. Links zu sehen: die St. Nikolaus-Kirche, in der die treuen Prager Freunde am 14. Dezember 1791 einen Trauergottesdienst abhielten. Kolorierter Stich von Joseph Gregory, 1794.

Die Südostfront des Altstädter Ringes, gesehen vom Turm des Rathauses aus. Der Platz bildete schon zu Mozarts Zeit das Herz des Stadtteils am rechten Moldauufer.

19 KLOSTER STRAHOV
(Strahovské nádvoří/Strahover Platz): Im November 1787, kurz vor seiner Abreise nach Wien, besuchte Mozart gemeinsam mit Josepha Duschek das im Jahr 1140 gegründete, u. a. für seine riesige Bibliothek gerühmte Prämonstratenserstift. In dessen Kirche Mariä Himmelfahrt ließ er sich zuerst von Norbert Ignaz Lehmann, dem Musikdirektor des Stifts, die Orgel vorführen. Immerhin handelte es sich dabei um das mit 3.087 Pfeifen und 41 Registern größte derartige Instrument der Stadt. Dann bekam Mozart, wie Lehmann berichtet, „Lust, die Orgel selbst zu schlagen. Er bestieg den Sitz und machte pleno choro durch beiläufig vier Minuten meisterhafte Akkorde und ließ durch diese jedem Kenner wahrnehmen, daß er mehr als ein gemeiner Organist sei". Die von Lehmann nachträglich teilweise aus dem Gedächtnis zu Papier gebrachte Improvisation, ein Fragment aus 57 Takten, fand als *Orgelphantasie KV 528a* in das Werkeverzeichnis Eingang.

20 TEINSCHULE
(Altstadt, Staroměstské náměstí/Altstädter Ring 14/604): Das der gleichnamigen Kirche vorgelagerte Haus mit seinem wunderschönen Renaissance-Giebel, dessen Stirnwand ein Barockbild der Jungfrau Maria ziert, beherbergte im 18. Jh. ein Kollegium der Jesuiten. Mehrere dort wohnhafte Studenten der

Die Teinschule und die Teinkirche: Studenten des einst hier untergebrachten Jesuitenkollegiums wirkten – höchst erfolgreich! – als Sänger bei der Uraufführung des *Don Giovanni* mit.

Philosophischen Fakultät wirkten als Sänger bei der *Don Giovanni*-Uraufführung mit. Namentlich bekannt ist František Hek, dem Mozart, voll des Lobes für seine Leistung, zwanzig Heller als Honorar bezahlte.

21 Sächsisches Haus oder „Zum Steinitz" (Kleinseite, Mostecká/Brückengasse 3/55): Wenn Mozart nach den Proben im Nostitz-Theater über die Karlsbrücke westwärts Richtung Bertramka wanderte, stieg er entweder noch vor dem Kleinseitner Brückenturm links auf einer Holztreppe auf die Kampa-Insel hinunter, um in einer der Weinstuben auf deren Hauptplatz einzukehren und dann seinen Weg über den Moldauarm, vorbei an den zahlreichen Mühlen, fortzusetzen. Oder er ging geradeaus in die Brückengasse zum Sächsischen Haus. In dem ursprünglich gotischen, in der Renaissance umgebauten Bau, den Karl IV. einst dem Sachsenherzog Rudolf I. als dessen Prager Residenz geschenkt hatte, betrieb ein gewisser Herr Stamitz ein auch noch im 19. Jh. unter Künstlern beliebtes Kaffeehaus.

22 „Zur Blauen Weintraube" (Altstadt, Železná/Eisengasse 22, Ecke Havelská/Galligasse): Anstelle des heutigen gründerzeitlichen Backsteinbaus, in dessen Erdgeschoß man Jeans verkauft, befand sich seinerzeit eine Weinstube obigen Namens, die häufig von Schauspielern und Sängern des nahen Nostitz-Theaters frequentiert wurde – so auch von Mozart und, eine Generation nach ihm in den Jahren 1813–16, vom jungen Kapellmeister Carl Maria von Weber.

23 „Zu den drei Geigen" (Kleinseite, Nerudova/Nerudagasse 12/210): Auch in diesem Haus, das ab 1667 der Witwe eines bekannten Lautenbauers gehört hatte und in dessen Hof ein gewisser Thomas Edlinger zu Mozarts Zeit eine berühmte Geigen-Werkstätte betrieb, löschte der Meister manchen Abend seinen Durst. Den seit damals üblichen Namen der Weinstube, auf Tschechisch „U tří houslíček", verdeutlicht an der Fassade ein Medaillon mit drei in Stuck gerahmten Violinen.

Die Nikolauskirche – hier konnten die Prager zu Mozarts Lebzeiten immer wieder seine Werke hören und nach seinem Tod ein Requiem zum Gedenken.

24 St. Nikolaus-Kirche (Kleinseite, Malostranské náměstí/Kleinseitner Ring): Neun Tage nach Mozarts Tod, am 14. Dezember 1791, fand in diesem knapp sechzig Jahre zuvor von Kilian Ignaz Dientzenhofer geschaffenen grandiosen Barockbau ein Trauergottesdienst für den Verstorbenen statt. Dabei erklang unter der musikalischen Leitung Josef Strohbachs, des oftmaligen Kapellmeisters früherer Mozartaufführungen, das Requiem von Anton Rössler. Den wichtigsten Part sang Josepha Duschek.

Doch auch schon zu Lebzeiten des Meisters war hier, wie auch in anderen großen Kirchen der Stadt, immer wieder seine Musik zu hören gewesen. Bezeugt ist u. a. die Aufführung einer *Messe*, vermutlich jener in *c-Moll KV* 427, die seine Verehrergemeinde hier am 6. Dezember 1787, also drei Wochen nach Mozarts Abreise Richtung Wien und einen Tag bevor ihn dort der Kaiser endlich als k. k. Kammerkompositeur in den Hofdienst aufnehmen sollte, eingefädelt hatte.

25 „Zum Weissen (Goldenen) Einhorn"
(Kleinseite, Lázeňská/Badgasse 11/285 = Maltézské náměstí/Malteserplatz 15/603): In diesem aus zwei mittelalterlichen Bürgerhäusern hervorgegangenen palastartigen Gebäude, das damals zu den drei besten Hotels der Stadt gehörte, stieg Mozart, der seinen Logenbruder Fürst Karl Lichnowsky auf der Reise nach Berlin begleitete, am 10. April 1789 für eine Nacht ab. Sieben Jahre später logierte Fürst Lichnowsky hier erneut. Diesmal länger und – eine Büste links neben dem Haupteingang erinnert daran – gemeinsam mit Ludwig van Beethoven.

26 Karolinum
(Altstadt, Ovocný trh/Obstmarkt 3/541 = Železná/Eisengasse 9): In diesem höchst ehrwürdigen, seit 1383 (und damit ältesten Europas) ohne Unterbrechung bis heute seinem ursprünglichen Zweck dienenden Universitätsgebäude veranstaltete die Musikge-

Die Prager Altstadt, ein zauberhaftes Sammelsurium an Stilen, von der Gotik über Renaissance und Barock bis in die Gründerzeit. An manchen Ecken scheint sich seit dem späten 18. Jh. wenig geändert zu haben.

Das unvergleichliche Gebirge aus Giebeln, Türmen und Kuppeln der Prager Kleinseite. Zu seinen Füßen wohnte, musizierte und schlemmte Mozart mit allergrößtem Vergnügen.

sellschaft der Juridischen Fakultät am 7. Februar 1794 unter Mitwirkung Josepha Duscheks zum Gedenken an Mozart eine Akademie.

27 Trčka-Haus

(Altstadt, Staroměstské náměstí/Altstädter Ring 15/603 = Celetná 1): In diesem, im innersten Kern romanischen, im ausgehenden 18. Jh. frühklassizistisch umgebauten Gebäude, das in manchen Quellen auch unter der Bezeichnung „Haus beim Weißen Einhorn" auftaucht, wurde dem Apotheker Antonín Vojtěch Hampacher am 6. März 1754 seine Tochter Josepha, die spätere Gattin Franz Xaver Duscheks, geboren.

28 Kleinseitner Friedhof

= Malostranský hřbitov (Smíchov, Plzeňská třida/Pilsner Straße): Auf diesem 1680 während einer Pestepidemie auf einem ehemaligen Weinberg angelegten Gottesacker, den hundert Jahre später aufgrund der josephinischen Verordnungen vor allem die Gemeinden Kleinseite und Hradschin benützten, liegt das Ehepaar Duschek begraben. Die schlichte Ruhestatt findet sich vom Eingang aus betrachtet ganz hinten links, direkt am südlichen Begrenzungszaun. Die Inschrift auf dem ovalen Grabstein lautet: „Freunde und Gastgeber von Wolfgang Amadeus Mozart in Prag. Eigentümer von

Bertramka. František Duschek, Komponist, geb. 8. Dez. 1731, 12. Feb. 1799 in Prag gest.; Josepha Duschkova, geb. Hampacherova, dramat. Sängerin, geb. 6. März 1754 in Prag, gest. 8. Jän. 1824 ebenf. in Prag". Der Friedhof, an dem heute Prags wichtigste Ausfallstraße Richtung Westen vorbeiführt, erinnert mit seinem uralten Baumbestand, den großteils verwahrlosten Biedermeier-Grabsteinen und seiner überaus melancholischen Grundstimmung an den St. Marxer Friedhof in Wien, wo Mozart selbst seine letzte Ruhe fand.

Der Prager Hradschin in einer historischen Ansicht. Vermutlich auch im St.Veits-Dom – siehe Bildmitte – hat Mozart die Orgel gespielt.

Vorwahl für Prag: 02
(International: +42-2-)

MUSEEN, GRAB- UND GEDENKSTÄTTEN

BERTRAMKA
Prag 5, Mozartova 169, Tel. 54 38 93 od. 55 14 83, Fax 53 30 32 (tägl. 9.30–18 Uhr).

STÄNDETHEATER
Prag 1, Ovocný trh, Tel. 24 21 50 01 (Führungen in Einzelfällen gegen ziemlich hohes Entgelt möglich; Voranmeldungen bei Frau Pavlíčková).

STRAHOV-KLOSTER
(Bibliothek)/Strahovská Knihovna Prag 1, Strahovské nádvoří 1 (tägl. 9–12 Uhr und 13–17 Uhr), Tel. 24 51 03 55-407.

DIVERSE VERANSTALTUNGSORTE

(*eine Auswahl; Adressen ohne Tel. Nr: Kartenvorverkauf über Kartenbüros oder das Prag Tourist Zentrum*):

NATIONALTHEATER PRAG/NÁRODNÍ DIVADLO (OPER, THEATER, BALLETT)
Aufführungsorte –
1) NATIONALTHEATER, Tel. 24 91 34 37;
2) STÄNDETHEATER, Tel. 24 21 50 01.

BERTRAMKA
(Kammermusik in der Sala terrena od. auf der Terrasse von April bis Okt.): Prag 5, Mozartova 169; Information und Reservierung Tel. 54 38 93, 54 00 12 od. 55 14 81-5, Fax 53 30 32.

ST. NIKOLAUS-KIRCHE
(Orgel- und Kammermusikkonzerte) Prag 1, Staroměstské náměstí/ Altstädter Ring, Tel. und Fax 232 25 89; Konzerte tägl. außer Mo, Beginn: 18 Uhr, So auch 15 Uhr; Karten im kircheneigenen Büro jeweils am Konzerttag von 13 Uhr bis zu Veranstaltungsbeginn (nicht verwechseln mit der Kleinseitner Nikolaus-Kirche!).

KIRCHE DES HL. SIMON UND JUDAS
(Klassische Konzerte aller Art) Prag 1, Na Františku, U milosrdných/ Barmherzigengasse.

KIRCHE ST. MARTIN IN DER MAUER
Prag 1, Martinská/Martin Gasse.

KIRCHE ZUR HL. MARIA SCHNEE
Prag 1, Jungmannovo náměstí/ Jungmann-Platz.

ERLÖSERKIRCHE
Prag 1, Křižovnické náměstí/ Kreuzherrenplatz.

HAVELSKIRCHE
Prag 1, Havelská/Galligasse.

LOBKOWITZ-PALAIS
Prag 1, Jiřská 3/Georgsgasse.

Nostitz-Palais
Prag 1, Kleinseite, Maltézské náměstí/
Malteserplatz 1; tickets c/o
Pragokoncert, Tel. 24 51 12 85.
Palais Clam-Gallas
Prag 1, Husova 20/Hus-Gasse.

Palais Unitaria
Prag 1, Karlova/Karlgasse 8.

Rudolfinum
(Dvořák-Saal) Prag 1, Náměstí Jana
Palacha/Jan-Palach-Platz (Mo–Fr
10–12.30 und 13.30–18 Uhr),
Tel. 24 89 43 27.

Klementinum
Prag 1, Karlova/Karlgasse =
Mariánské náměstí.

Agnes-Kloster
Prag 1, U milosrdných/
Barmherzigengasse 17.

Jakobs-Basilika und -Kloster
Prag 1, Malá Štupartská/Stupart-
Gäßchen.

Bethlehems-Kapelle
Prag 1, Betlémské náměstí/
Bethlehems-Platz.

Franz-Kafka-Zentrum
Prag 1, Staromêstské náměstí/
Altstädter Ring 22/2. Stock.

Opera Mozart
(Arien-Potpourri) Prag 1, Novotného
Lávka 1.

Nationales Marionettentheater
Prag 1, Žatecká 1.

ALLGEMEINER KARTENVORVERKAUF (eine Auswahl)

Bohemia Ticket International
Salvátorská 6 (Mo–Fr 9–12 und 13–16,
Sa 9–14 Uhr), Tel. 24 22 78 32; Na
Příkopě 16 (Mo–Fr 9–18 Uhr, Sa 9–16
Uhr, So 10–15 Uhr), Tel. 24 21 5031;
Václavské náměstí 27 (Mo–Fr 9–18,
Sa 9–16, So 9–14 Uhr (alle Prag 1).

Hot Line
für Voraus-Buchungen (auch Gruppen)
Tel. 232 25 36 od. 232 34 29,
Fax 232 41 89.

Top Theatre Tickets
Celetná 13 od. Žatecká od. im Alten
Rathaus, Staroměstské náměstí/Alt-
städter Ring (alle Prag 1).

Ticketpro
Laterna Magika, Národni 4 od.
Lucerna Štěpánská 61 od. Melantrich,
Václavské náměstí, Tel.-Zentrale 24
81 40 20 (alle Prag 1).

EINSCHLÄGIG SORTIERTE BUCHHANDLUNGEN

Knihkupectví Fišer
1, Kaprova 2; Tel. 2320733.

Knihkupectví Růžička
(speziell für Pläne und Reiseführer)
1, Na Příkopě/Am Graben 24;
Tel. 242 13 037.

Cizojazyčné Knihkupectví
(deutsch-/englischsprachig) 1, Na
Příkopě/Am Graben 27.

LYRA PRAGENSIS
1, Karlova/Karlgasse 2.

CLASSIC-CD

MUSIC 42
1, Republiky náměstí 6.

MELANTRICH MUSIC STUDIO
1, Jilská 14.

SUPRAPHON
1, Jungmannova 20.

BONTON LAND
1, Karlova 23.

KAFFEEHÄUSER

MALOSTRANSKÁ KAVÁRNA
Prag 1, Malostranské náměstí 5/28 (tägl. 9–23 Uhr).

KAVÁRNA PRAHA-ROMA
Prag 1, V jámě 5 (tägl. 9–22 Uhr). Holešovická kavárna: Prag 7, Komunardú 30 (tägl. 10–24 Uhr), Tel. 80 15 38.

DEMÍNKA
Prag 2, Škrétova 1 (Mo–Fr 9–23.30 Uhr), Tel. 24 22 33 83.

GANY'S
Prag 1, Národni třida 20 (tägl. 8–23 Uhr), Tel. 29 76 65.

THE GLOBE
Prag 7, Janovskeho 14 (tägl. 10–24 Uhr), Tel. 66 71 2610.

VIOLA
(Café- und Literaturclub) Prag 1, Národní 7, Tel. 242 20 844.

Das legendäre
CAFÉ SLAVIA
in der Nationalstraße (Národní) soll, nach jahrelangem Dornröschenschlaf, im Spätherbst 1997 erneut seine Tore öffnen. Bereits für den Mai desselben Jahres ist die Wiedereröffnung des kaum minder berühmten KAFFEEHAUSES IM RATHAUS (kavárna, obecní dum) angekündigt.

ALLGEMEINE TOURISTISCHE INFORMATIONEN

TSCHECHISCHES ZENTRUM FÜR TOURISMUS
110 00 Prag 1, Národní 37 (tägl. 10–18 Uhr), Tel. 24 21 14 58.

PRAG TOURIST ZENTRUM
Prag 1, Rytířská 12, Tel. 24 21 22 09 od. 24 23 60 47, Fax 24 21 22 09.

RESERVIERUNGS-ZENTRUM
(Pražská informační služba)
18650 Prag 8, Tel. 231 11 16, Fax 24 81 61 72.

VORSICHT
Öffnungszeiten, Veranstaltungsorte und -programme sind in Prag derzeit noch häufigen unvorhersehbaren Änderungen unterworfen. Angaben von Telefonnummern sind, aufgrund der Digitalisierung des Fernsprechnetzes, oft veraltet. Daher empfiehlt es sich, im Zweifelsfall obige Angaben auf ihren aktuellen Stand zu überprüfen.

WIEN

Die alte Augartenbrücke. Über ihre Nachfolgerin ging Mozart zu seinen Konzerten in die „Alte Favorita“.

1 Donaukanal/Schanzelufer (heute: 1., bzw. 9., Roßauerlände): Es ist Frühherbst 1762 und die Familie Mozart, bestehend aus Vater Leopold und Gattin sowie den Kindern Nannerl und Wolfgang, befindet sich auf ihrer bereits zweiten Kunstreise, um, wie Vater Leopold schrieb, „der Welt ein Wunder zu verkündigen, welches Gott in Salzburg hat lassen geboren werden“. Von der ersten Station, dem geistlichen Fürstenhof Passau, sind die vier Ende September donauabwärts, Richtung Wien, weitergereist. Am 6. Oktober nachmittags erreichen sie, nach Zwischenaufenthalten in Linz, Mauthausen und Ybbs, die Kaiserstadt. Ihre „Wasserordinaire“, das Postschiff, legt beim sogenannten Schanzel, nahe der heutigen Augartenbrücke am Südufer des Donaukanals, an. Hier betritt also der damals sechsjährige Wolfgang erstmals den Boden jener Stadt, die ihm für die letzten zehn Jahre seines Lebens, die zentrale Schaffensperiode von 1781–91, zur Wahlheimat werden sollte.

2 „Zum weissen Ochsen“ (1., Fleischmarkt 28 = Postgasse 11): Obwohl in keiner zeitgenössischen schriftlichen Quelle erwähnt, gilt dieser seinerzeit im Besitz eines gewissen Carl Joseph von Palm befindliche ehemalige Gasthof gemeinhin als erste, provisorische Unterkunft der Neuankömmlinge.

3 Palais Collalto

(1., Am Hof 13): In diesem Palais, das die gleichnamige Patrizierfamilie aus Venedig 1671 neben der von Carlo Antonio Carlone umgestalteten Alten Jesuitenkirche hatte erbauen lassen, traten Wolfgang und Nannerl am Abend des 9. Oktober 1762 im Rahmen einer Privatakademie erstmals als Wunderkinder vor die Wiener Öffentlichkeit. Als die beiden hier wenige Wochen später, am Weihnachtstag, ein zweites Mal ihre Künste demonstrierten, verteilte der Hausherr Graf Thomas Vinciguerra Collalto an seine Gäste folgendes von ihm verfaßte und gedruckte Huldigungsgedicht für den „kleinen sechsjährigen Clavieristen aus Salzburg“:

Neben der Kirche „Zu den neun Chören der Engel“, der ehemaligen Jesuitenkirche, gelegen: das Palais Collalto, wo der 6jährige Wolfgang erstmals vor Wiener Publikum konzertierte.

„Bewunderungswerthes Kind! Deß Fertigkeit man preißt,
Und Dich den kleinsten, doch grösten Spieler heißt;
die Tonkunst hat für Dich nicht weiter viel Beschwerden,
Du kannst in kurzer Zeit der gröste Meister werden.
Nur wünsch ich, daß Dein Leib der Seele Kraft aussteh,
Und nicht, wie Lübecks-Kind*, zu früh zu Grabe geh."

Seit 1956 erinnert an der schönen Barockfassade des Hauses eine Gedenktafel an jenen denkwürdigen Erstauftritt.

** Anspielung auf ein sechsjähriges Sprachgenie aus Lübeck, das seinerzeit Furore machte, jedoch in jungen Jahren starb.*

4 WEITERE AUFTRITTSORTE während des ersten Wien-Aufenthalts: Zahlreich sind die Palais, in denen „das Wolfgangerl" gemeinsam mit seiner Schwester im Herbst 1762 die Aristokratie der Kaiserstadt in Erstaunen versetzte. Mehr oder weniger belegt sind Auftritte u. a. vor Graf Johann Joseph WILCZEK (am 10. Oktober, vermutlich in dessen Stadtpalais 1., Herrengasse 5); beim Grafen HARRACH (Palais Harrach, 1., Freyung 3); am 13. vor Prinz Joseph Maria Friedrich von Sachsen-Hildburghausen im PALAIS AUERSPERG (8., Auerspergstraße 1), in dem übrigens ein Vierteljahrhundert später, im März 1786, eine Aufführung des *Idomeneo* unter der Leitung des Komponisten überliefert ist; am 14. bei Gräfin Maria Theresia KINSKY (Palais Kinsky, 1., Freyung 4);

Einer von vielen Aufführungsorten, an denen die Wunderkinder vermutlich auftraten: das Palais Auersperg in der gleichnamigen Straße.

Die Sommerresidenz Maria Theresias von der Gartenseite gesehen: Schloß Schönbrunn. Gemälde von Bernardo Bellotto, genannt Canaletto, um 1760.

am 16. bei Graf Pálffy (Palais Pálffy, 1., Josefsplatz 6); am 17. bei Graf Franz Thurn-Valsassina (vermutlich im Passauerhof, 1., Salzgries 21 = Passauerplatz 6) und am 9. November im Windischgraetzschen Haus (1., Bankgasse 7) bei Marchesa Vincenzia Pacheco.

5 Schloss Schönbrunn (13., Schönbrunner Schloßstraße): Eine Woche nach ihrer Ankunft, am 13. Oktober nachmittags, kam es zum ersten, vom karrierebewußten Vater sehnlich erhofften Konzert der Wunderkinder am Kaiserhof. Ort der musikalischen Audienz: aller Wahrscheinlichkeit nach die Große, an den Spiegelsaal von Versailles erinnernde Galerie. Anwesend waren neben Maria Theresia und Franz Stephan u. a. Erzherzogin Maria Antonia und der Hofkomponist Georg Christoph Wagenseil. Leopold berichtete an seinen Salzburger Freund Hagenauer stolz, „... daß wir von den Mayestetten so ausserordentlich gnädig sind aufgenohmen worden, daß, wenn ich es erzehlen werde, man es für eine fabl halten wird. genug! der Wolferl ist der Kayserin auf die Schooß gesprungen, sie um den Hals bekommen, und rechtschaffen abgeküsst. Kurz wir sind von 3 uhr bis 6 uhr bei ihr gewesen und der Kaiser kam selbst in das andere Zimmer heraus mich hineinzuholen, um die Infantin auf der Violin spielen zu hören ...“

Zwei Tage später ließ das Kaiserpaar Wolfgang und Nannerl als Zeichen der Anerkennung durch seinen

Mehrmals renoviert und alljährlich von deutlich mehr Menschen besucht, aber sonst fast wie zu Mozarts Zeit: Schloß Schönbrunn und der Ehrenhof.

W. A. Mozart als Kind, hier in einem von Kaiserin Maria Theresia geschenkten Galakleid. Durch sein Spiel versetzte er den Adel in halb Europa in Verzücken. Gemälde, Pietro Antonio Lorenzoni zugeschrieben, 1763.

Zahlmeister zwei Galakleider überbringen. Am 16. besuchten die Mozarts dann Maria Theresias jüngste Kinder, die Erzherzöge Ferdinand und Maximilian, im Schloß. Und am 21. genossen sie die Ehre eines zweiten Empfangs bei den beiden „allerhöchsten Mayestetten".

Neuerlich in den Mittelpunkt des Mozartschen Schaffens rückt die Sommerresidenz der Habsburger erst wieder 1786: Am 7. Februar dieses Jahres kommt es in der Orangerie, jenem etwa 190 m langen, 11 m breiten und 8 m hohen Gewächshaus, das erst 1994/95 wieder für Veranstaltungen und Aufführungen adaptiert worden ist, im Rahmen eines musikalischen Wettstreits zu Ehren des Herzogs Albert von Sachsen-Teschen und seiner Gemahlin Erzherzogin Marie Christine zur Uraufführung der Oper *Der Schauspieldirektor (KV 486)*.

6 Tiefer Graben 20

(1., Wohnhaus): Bereits nach rund zwei Wochen – um den 20. Oktober – übersiedelten die Mozarts vom „Weißen Ochsen" hierher in das sogenannte „Tischler-Haus". Das Zimmer im ersten Stock sei, klagte Leopold Mozart in einem Brief an den Freund Lorenz Hagenauer, „1000 Schritte lang und 1 Schritt breit". Dennoch behielt er es bis zur Rückreise nach Salzburg Ende Dezember. Das längst abgerissene historische Haus wurde übrigens in der Literatur fälschlicherweise häufig mit dem noch erhaltenen Altbau Nr. 16 identifiziert.

Der Tiefe Graben, wo Mozart mehrmals wohnte. Im Bild mit der Kapelle in der Wipplingerstraße. Gemälde von Franz Alt, 1843.

7 Gariboldisches Haus

(1., Weihburggasse 3): Als Vater Mozart mit seiner Gattin, dem elfjährigen Wolfgang und dessen Schwester Mitte September 1767 anläßlich der Hochzeit von Erzherzogin Maria Josepha Gabriela, Maria Theresias neunter Tochter, mit Ferdinand IV., dem letzten König von Neapel-Sizilien, aus Salzburg erneut in die Kaiserstadt kam, nahm er anfangs für drei Wochen beim Goldschmied Gottfried Johann Schmalecker, im zweiten Stock des sogenannten Gariboldischen Hauses (einst Stadt Nr. 938), Quartier. Im 19. Jh. beherbergte das Haus, das nach wie vor als elegantes Hotel dient, u. a. Franz Liszt, Richard Wagner und Anton Bruckner.

8 Wohnhaus

(1., Concordiaplatz 1–4 = Salzgrieß 18): Der Vorgängerbau dieser heutigen Adresse diente den Mozarts im Oktober 1767 vorübergehend als Unterkunft.

9 Mesmer-Haus und -Garten

(3., Rasumofskygasse 29): Dr. Franz Anton Mesmer, ein wissensdurstiger und vielseitig talentierter Mediziner aus dem Bodenseegebiet, der aufgrund der von ihm entwickelten Heilmethode des „tierischen Magnetismus" heute als ein Pionier der Psychotherapie gilt, war ein großer Musikliebhaber und als solcher den Mozarts enger Freund. Sein prachtvolles Anwesen in der Rauchfangkehrergasse (heute: Rasumofskygasse) in der Vorstadt Landstraße diente der Musiker-Familie als zentraler Treffpunkt mit der Gesellschaft Wiens. Im Herbst 1768 wurde hier wahrscheinlich *Bastien und Bastienne,* das erste Singspiel des damals Zwölfjährigen, uraufgeführt. Und im Sommer 1773 ist in der Mozartschen Korrespondenz von einer „großen Musik" in Mesmers Garten die Rede – einem weitläufigen Rokokopark, den Leopold Mozart als „unvergleichlich mit Prospekten und Statuen, Theater, Vogelhaus, Taubenschlag und in der Höhe einem Belvedere" rühmte.

10 Gasthaus „Zum roten Säbel"

(Wipplingerstraße 19 = Färbergasse 5): Nachdem die Mozarts Anfang Januar 1768 aus Olmütz, wo

Eine Redoute in der Hofburg. Mozart nahm an solchen Festen gerne auch als Tänzer teil. Aquarellierte Federzeichnung von Josef Schütz.

beide Kinder an den Pocken gelitten hatten, zurückgekehrt waren, nahmen sie in diesem auch „Grünwaldisches Haus“ genannten Gasthaus Quartier. Sie blieben fast ein ganzes Jahr. In dieser Zeit komponierte Wolfgang hier u. a. zwei *Symphonien in D-Dur (KV 45* und *48)* sowie, wahrscheinlich über Auftrag von Pater Parhammer, die als *Waisenhausmesse* berühmt gewordene *c-Moll-Messe (KV 139)*.

11 Hofburg (Wien 1.,): Am 19. Januar 1768 wurden die Mozarts im Leopoldinischen Trakt der Habsburgerresidenz von Kaiser und Kaiserin empfangen und, wie Leopold später geschmeichelt berichtet, mit „unvorstellbarer Vertraulichkeit“ behandelt. Dreizehn Jahre später, im Herbst 1781, gab Wolfgang im Schweizertrakt zu Ehren Fürst Württembergs ein Konzert. Außerdem besuchte er in den Redoutensälen der Burg zahlreiche Bälle und Maskenfeste. Dort wurden auch mehrmals Opern von ihm zur Aufführung gebracht (siehe: 38 Hofbibliothek).

Der Reichskanzleitrakt in der Wiener Hofburg. Auch hier wurden die Mozarts von Kaiser und Kaiserin herzlich empfangen.

12 Waisenhauskirche „Mariä Geburt“ (3., Rennweg 91): Der erwähnte Pater Parhammer hatte im Jahre 1759 von der Kaiserin die Leitung des Waisenhauses auf dem Rennweg, einem weitläufigen Wohn- und Schulkomplex für elternlose Zöglinge, übertragen bekommen. Anläßlich der

Die Kirche Mariä Geburt auf dem Rennweg. Hier wurde zum ersten Mal Mozarts *Waisenhausmesse* zur Aufführung gebracht.

Die Gedenktafel an der Fassade der Waisenhauskirche.

Einweihung seiner neuen Kirche, einem klassizistischen Bau von Thaddäus Karner, zu dem Joseph II. drei Jahre zuvor den Grundstein gelegt hatte, hat Mozart „eine solenne Messe, ein Offertorium und ein Trompetenkonzert komponiert und dem Waisenhaus verehrt". Alle drei Werke erklangen am 7. Dezember 1768 hier in Anwesenheit Maria Theresias zum erstenmal. Und zwar, wie das „Wienerische Diarium" zu berichten wußte, „... mit allgemeinen Beyfalle und Bewunderung, von Mozart selbst aufgeführet, mit der größten Richtigkeit dirigieret".

13 Wohnhaus

(1., Tiefer Graben 18): In diesem 1764 erbauten, 1840 äußerlich umgestalteten Haus, das einem Kupferschmied namens Gottlieb Friedrich Fischer gehörte und heute als Hotel dient, wohnten Vater und Sohn Mozart während ihres dritten Aufenthalts von Mitte Juli bis Mitte September 1773. Während Wolfgang – vergeblich – einer Anstellung bei Hofe harrte, schrieb er hier u. a. *sechs Streichquartette (KV 168–173)*, *Serenade* und *Marsch* in *D-Dur (KV 185* und *189)* sowie Chöre und Zwischenmusik zu *Thamos, König in Ägypten*. Seit 1941 wird die Fassade von einer Gedenktafel mit der seltsamen Inschrift „Das Erleben der Musik Wiens entschied hier seinen Weg zum Meister deutscher Kunst" geziert.

Ostern 1782, Am Hof. Papst Pius VI. segnet von der Altane der Jesuitenkirche die Wiener. Kolorierter Kupferstich von Carl Schütz, 1782.

14 Jesuitenkirche

(1., Am Hof): Am 8. August 1773, einen knappen Monat vor Auflösung des Jesuitenordens und der Übergabe der „Kirche am Hof" an die Wiener Garnison, dirigierte Leopold Mozart hier die *Dominikus-Messe (C-Dur, KV 66)* seines Sohnes. 1783 bzw. 1789 erhielten in diesem Gotteshaus, von dessen Balkon im April 1782 Papst Pius VI. den Wienern seinen Segen erteilt hatte, zwei von Wolfgangs und Constanzes Kindern – Raimund Leopold bzw. Anna Mozart, die beide schon im Säuglingsalter starben – das Sakrament der Taufe.

Die prachtvolle Barockfassade der alten Jesuitenkirche – ein Werk Carlo Antonio Carlones von 1662.

15 ARTARIA & CO.
(heute: 1., Kohlmarkt 18) In dem dreistöckigen Eckhaus „Zu den drei Laufern“ in unmittelbarer Nachbarschaft der Michaelerkirche (nicht zu verwechseln mit dem um 1900 von Max Fabiani errichteten Artaria-Haus auf Nr. 9!) unterhielt der renommierte Verlag „Artaria & Co“, der schon zu Mozarts Lebzeiten viele seiner Kompositionen verlegte, sein Geschäftslokal.

Holzveranden im originalgetreu restaurierten Innenhof des Deutschordenshauses.

16 „HAUS DES DEUTSCHEN RITTERORDENS“
(Singerstraße 7 = Stephansplatz 4): Als Wolfgang Amadeus im März 1781 dem Befehl seines Brotherren Fürsterzbischof Colloredo spät, aber doch gefolgt und diesem von München kommend nach Wien nachgereist war, wurde er hier, in der erzbischöflichen Residenz, einquartiert. In dem weitläufigen, um zwei stimmungsvolle Innenhöfe gruppierten Komplex hatte er als Kapellmeister der Salzburger Hofmusik inmitten des Gefolges, also gleichsam unter Aufsicht, zu wohnen und bei mehreren Akademien mitzuwirken. Hier kam es schließlich im Mai desselben Jahres, als er seinen Dienst quittierte, um fortan als freier Künstler in der Kaiserstadt sein Glück zu suchen, zum legendären Eklat: Der auch für die Musik zuständige Oberstküchenmeister des Erzbischofs, Graf Arco, ließ den unbotmäßigen Untertan „durch einen tritt im arsch bey der thüre hinaus werfen“. Worauf der solcherart Geschaßte am 9. Mai an seinen Vater schrieb: „… ich will nichts mehr von Salzburg wissen – ich hasse den Erzbischof bis zur raserey.“ Eine Gedenktafel im Eingangsflur zur Singerstraße hält fest, daß Mozart vom 16. März bis 2. Mai 1781 hier weilte.

17 KÄRNTNERTOR-THEATER
(1., Philharmoniker-/Kärntner Straße/ Albertinaplatz): „… gestern kann ich wohl sagen, daß ich mit dem Wienner Publikum recht zufrieden war. – ich spiellte in der accademie der Witwen im kärntner thor Theater. – ich muste wieder Neuerdings anfangen, weil des applaudiren, kein Ende war …“ Wovon Mozart am 4. April 1781 in einem Brief an den Vater derart schwärmte, war sein am Vorabend erfolgter

Das „K. K. Hoftheater nächst dem Kärnthner Thore", eines der zentralen Bühnenhäuser in Mozarts Wien. Stich von Tranquillo Mollo, um 1825.

Der Zuschauerraum des Kärntnertor-Theaters, fünfstöckig, von Logen gesäumt und 1763 eröffnet. Stich von Tranquillo Mollo, um 1825.

erster Auftritt bei einer Akademie der 1771 nach Londoner Vorbild gegründeten Wiener Tonkünstlersozietät – einer Benefizveranstaltung zugunsten von Musikerwitwen und -waisen. Das erwähnte Kärntnertor-Theater, ein 1763 eröffnetes, fünfstöckiges Logenhaus, das erst nach der Eröffnung der neuen Hofoper (1869) geschleift wurde und sich etwa an der Stelle des heutigen Hotel Sacher erhob, diente, wie das Alte Burgtheater, auch als Aufführungsort für Konzerte. Mozart spielte und dirigierte hier des öfteren seine Werke.

Cäcilia Weber, die Mutter Constanzes und Aloisias.

18 Wohnhaus „Zum Auge Gottes“
(1., Milchgasse 1/Petersplatz 11/Tuchlauben 8): „In diesem Hause wohnte Mozart im Jahre 1781, und componirte hier seine ‚Entführung aus dem Serail‘“. Was die Gedächtnistafel neben dem Haustor in der Milchgasse verschweigt: daß das seinerzeitige, aus zwei Teilen bestehende Durchhaus dem heutigen großen Gründerzeitblock 1897 weichen mußte; daß der soeben in die Freiberuflichkeit entlassene Mozart hier, gegen den erklärten Willen seines Vaters, als Untermieter Cäcilia Webers logierte, deren zweitälteste, mittlerweile verehelichte Tochter Aloisia vor Jahren seine erste große Liebe gewesen war, und in deren um ein Jahr jüngere, noch ledige Schwester Constanze sich der 25jährige soeben zu verlieben im Begriffe war; und daß in dem „hüpschen Zimmer im 2ten Stock“ erstens nur Teile des Türken-Singspiels rund um Belmonte, Konstanze, Bassa Selim und Osmin und, zweitens, u. a. auch mehrere *Violinsonaten (KV 376/377* und *379/380)* sowie der Rest der in München begonnenen *Bläser-Serenade* in *Es-Dur,* der *Gran Partita, (KV 361)* entstanden sind.

19 Cobenzl
(19., Am Cobenzl 98): Im Sommer 1781 verbrachte Mozart auf Einladung von Staatskanzler Johann Philipp Graf Cobenzl einige heiße Juli-Tage auf dessen Landsitz auf dem sogenannten Reisenberg. Über die Landschaft an der heutigen Höhenstraße nahe dem

Der Park des Grafen Cobenzl auf dem Reisenberg. Von hier bot sich ein prächtiger Panoramablick auf Wien. Radierung von Joh. Ziegler nach Laurenz Janscha, um 1800.

Fanny von Arnstein, geborene Itzig. Sie war in der Zeit um 1800 die Grande Dame des Wiener Gesellschafts- und Geisteslebens. Mezzotinto von Vinzenz Kininger nach Jean Urbain Guerin, 1804.

Kahlenberg schrieb Mozart: „Das ist eine Stunde weit von Wienn … Das häuschen ist nichts, aber die Gegend, der Wald, worinn er (Graf Cobenzl) eine Grotte gebauet, als wenn sie so von Natur wäre, das ist Prächtig und sehr angenehm …“

20 Wohnhaus

(1., Graben 17): Am 2. Mai 1781 war Wolfgang zu den Weberischen in die Milchgasse (siehe: 18 Wohnhaus) gezogen. Im Spätsommer schon siedelte er „wegen dem Geschwätze der Leute“ an diese repräsentative Adresse um. Sein Zimmer im dritten Stock nahm sich ziemlich spartanisch aus. Es war, wie er seinem Vater schrieb, „durch kasten, tisch und klavier so voll, daß ich nicht wüßte, wo man noch ein Bett hinstellen könnte“. Dennoch behielt er es bis kurz vor seiner Hochzeit mit Constanze im Sommer 1782.

Der Mehlmarkt, im Hintergrund das Palais Schwarzenberg. Aquarell von Rudolf von Alt, 1838.

Während er hier wohnte, bekam er seine ersten wichtigen Klavierschülerinnen und komponierte, neben etlichen kleineren Werken, die *Haffner-Symphonie (D-Dur, KV 385)*. Hauptmieter des vierstöckigen, stattlichen Hauses, das als einzige repräsentative Adresse in der Stadt schon damals, vor dem josephinischen Toleranzpatent, von Juden eigenständig angemietet werden konnte, war der kaiserliche Hoffaktor Adam Isaac Arnstein. Er unterhielt hier einen über dreißigköpfigen (!) Haushalt. Ob Mozart mit dessen Sohn, dem Bankier Nathan Adam Arnstein, und seiner Gattin Fanny, geborene Itzig, die später zur schillernden Schlüsselfigur der Wiener Gesellschaft aufsteigen sollte, näher bekannt wurde? Möglich ist's, aber durch nichts belegt. Auf den Subskriptionslisten für Mozarts Konzerte tauchen beider Name jedenfalls auf.

Der heutige, auch nicht gerade kleine Nachfolgebau des „Arnsteinschen Hauses" stammt übrigens aus dem Jahr 1905.

Eintrittskarten wie diese fanden in der Wiener Gesellschaft – zumindet einige Jahre hindurch – reißenden Absatz.

21 Gaststätte „Zur Mehlgrube"

(1., Neuer Markt 5 = Kärntner Straße 22): Vis-à-vis der Kapuzinerkirche am Neuen Markt, etwa dort, wo heute das noble Hotel Ambassador steht, existierte schon im ausgehenden 17. Jh. eine Gaststätte. Sie hieß – nach den einst hier befindlichen städtischen Mehldepots – „Zur Mehlgrube" und besaß zu Mozarts Zeit einen erstaunlich prunkvollen Saal, wo, in Ermangelung passender anderer Lokalitäten, große Bälle und Konzerte stattfanden. Zur Saison 1781/82 hatte der Unternehmer Philipp Jakob Martin hier mit Erlaubnis des Kaisers begonnen, regelmäßig „Liebhaber-Konzerte" zu organisieren, bei denen oft hochrangige Virtuosen auftraten. In deren Rahmen veranstaltete auch Mozart Anfang 1785 einen Zyklus von insgesamt sechs Subskriptionskonzerten, bei denen er selbst als Pianist auftrat. Dabei erklang – am 11. Februar – u. a. zum ersten Mal sein *d-Moll-Klavierkonzert (KV 466).*

Gottfried Bernhard Freiherr van Swieten. Kupferstich von Joh. Ernst Mansfeld nach J. C. Lakner, um 1780.

22 „ALTE FAVORITA"
(2., Obere Augartenstraße 1): Ein weiterer beliebter Treffpunkt für das musikalisch interessierte Publikum Wiens waren die „Morgenkonzerte" im Augarten, genauer: in jenem „Alte Favorita" genannten Gebäudekomplex, der heute die Heimstatt der legendären Porzellanmanufaktur Augarten bildet. Joseph II. hatte die Tore des rund eine halbe Million Quadratmeter großen Parks seinem erholungsuchenden

Wo man heute Soprantriller trällert und Porzellan manufakturiert, spielte einst Wolfgang Amadeus Mozart auf.

Der Eingang in den Augarten, in dem sich der Gebäudekomplex der „Alten Favorita" befand. Kolorierter Kupferstich von Joh. Ziegler, um 1800.

Volk geöffnet. Im Nu trat der schon erwähnte Philipp Jakob Martin auch hier in Aktion. Ort der Konzerte war die Restauration des Hoftraiteurs und bürgerlichen Kochs Ignaz Jahn (siehe: 37 Jahnscher Saal). Besonders beliebt waren die in lauen Sommernächten abgehaltenen Serenaden, die den merkwürdigen Namen „Limonadenhütten" trugen. Auch hier im Augarten organisierte sich Mozart – wie damals durchaus üblich, auf eigenes finanzielles Risiko – selbst Konzerte. Sie brachten ihm allerdings nicht ganz den erhofften Erfolg. Das erste ging am 26. Mai 1782 über die Bühne, wobei Mozart eine Symphonie von Gottfried van Swieten sowie sein *Es-Dur-Konzert für zwei Klaviere (KV 365)* zur Aufführung brachte. An der Seitenmauer des Gebäudes erinnert heute eine Gedenktafel daran, daß in seinem Inneren einst Mozart, aber auch Beethoven und Schubert konzertiert haben.

Das Innere des Stephansdoms. Hier wurden Mozart und Constanze im August 1782 getraut. Stich von Tranquillo Mollo, um 1825.

23 Stephansdom (1., Stephansplatz): Am 4. August 1782 kam es in der Dom- und Metropolitankirche St. Stephan ohne den Segen Leopolds, der die Heirat mit einer „Weberischen" strikt mißbilligte, zur Trauung des „wohledlen Herrn Wolfgang Adam (sic!) Mozart", wie es in der Matrikel hieß, „mit der wohledlen J. Konstantia Weberin". In derselben Kirche wurden später beider Kinder Johann Thomas Leopold und Franz Xaver Wolfgang getauft. Und am 6. Dezember 1791 wurde Mozarts Leichnam in der „Crucifix Cappel zu der Neuen Gruften", an der Nordseite des Albertinischen Chores neben der Kapistrankanzel, eingesegnet (die

Gedenktafel ist von außen zu sehen). Wenige Monate davor, am 9. Mai, hatte ihm der Wiener Magistrat auf sein Ansuchen hin großzügig das – unbezahlte! – „Amt eines Adjunkts des Domkapellmeisters in St. Stephan" überantwortet.

24 Wohnhaus

(1., Wipplingerstraße 14): Nach einigen Monaten – Juli bis Dezember 1782 – in dem ihm bereits von einem früheren Aufenthalt bekannten „Roten Säbel" (siehe: 10 Zum roten Säbel), zog er, nunmehr gemeinsam mit seiner frisch angetrauten Constanze, ein paar Häuser weiter – hierher. Oder besser: in jenes Haus, das bis etwa 1860 an dieser Stelle stand. „Wir wohnen", erstattete er dem Vater nach Salzburg Bericht, „... auf der hohen Brücke ... im kleinen Herbersteinischen Haus Nr. 412 im 3. Stock bei Herrn von Wetzlar, einem reichen Juden. Nun, da habe ich ein Zimmer 1000 Schritt lang und einen breit und ein Schlafzimmer, dann ein Vorzimmer und eine schöne große Küche."

25 Wohnhaus

(1., Kohlmarkt 7): Bereits im Februar 1783 wechselte das Ehepaar erneut sein Quartier. Der Grund: Man befand sich in Geldschwierigkeiten und hatte dem bisherigen Hausherren Wetzlar zuliebe, der

Ein gotisches Wunderwerk aus 20.000 Kubikmetern Sandstein: der Stephansdom mit Südturm, Riesentor und Heidentürmen.

Der Judenplatz, gesehen in Blickrichtung zum Hof. Stich nach Salomon Kleiner, 1725.

keine Miete verrechnet hatte, die Wohnung geräumt. Die neue Heimstatt, das alte Innenstadthaus „Zum englischen Gruß", das bereits 1841 einem Neubau weichen mußte, war, wie Mozart brieflich bekundete, „ein schlechtes Logis". Allzulange hatte er nicht zu leiden.

26 Wohnhaus

(1., Judenplatz 3 = Kurrentgasse 5): Wohnstatt Nummer sechs in den zwei Jahren, seit sich Mozart in Wien niedergelassen hatte, wurde nur drei Monate später, im April 1783, das „Burgische Haus Nr. 244 auf dem Judenplatz. Im ersten Stock dieses „guten Quartiers", in dem er immerhin bis zum Dezember wohnen blieb, wurde Wolfgang am 17. Juni ein Stammhalter geboren – Raimund Leopold, der freilich schon zwei Monate später dem gefürchteten Gedärmfrais erlag. Sowohl dieses als auch das für die Mozart-Biographie weit bedeutsamere Nebenhaus (siehe: 39 Wohnhaus) fielen noch vor 1900 dem Abriß zum Opfer.

27 Trattnerhof

(1., Graben 29–29a): Im Januar 1784 stand ein weiterer Umzug auf dem Programm. Die neue Adresse: eine Wohnung auf der zweiten Stiege im dritten Stock des Trattnerhofes am Graben, einem der größten und auch prestigeträchtigsten Miethäuser des josephinischen Wien, das seine Existenz dem Unternehmergeist des Hofbuchhändlers und -druckers Johann Thomas Edler von Trattner verdankte. Schon jener Vorgängerbau des gleichnamigen heutigen Riesenkomplexes, der in den Jahren 1911/12 von Rudolf Krauß im sezessionistischen Stil errichtet worden ist, war im heutigen Sinne multifunktionell. Er umfaßte neben Wohnungen, in welchen insgesamt rund 600 Menschen lebten, auch zahlreiche Geschäftslokale und einen geräumigen Saal, in dem Mozart in der zweiten Märzhälfte drei höchst erfolgreiche Subskriptionskonzerte veranstaltet und dabei die drei *Klavierkonzerte KV* 449–451 uraufgeführt hat.

Kurz vor der neuerlichen Übersiedlung am 21. September 1784 wurde Wolfgang Amadeus hier ein zweiter Sohn, Carl Thomas, geboren. Für ihn fungierten die Trattners, wie auch für drei weitere Mozart-Kinder, als Taufpaten.

Eine der Großbaustellen des josephinischen Wien: der Trattnerhof am Graben. Radierung von Friedrich August Brand, um 1775.

28 Peterskirche

(1., Petersplatz): In diesem Paradebau des österreichischen Hochbarocks wurden Mozarts Kinder Carl Thomas (1784–1858) und Theresia (1787–1788) getauft.

Ein Paradebeispiel österreichischen Hochbarocks: die Peterskirche, entstanden nach Plänen von Gebriele Montani, Andrea Altomonte und vermutlich Joh. Lucas von Hildebrandt. Stich von Tranquillo Mollo, um 1825.

29 „Figarohaus“

(1., Domgasse 5 = Schulerstraße 8): In diesem fünfgeschossigen, für damalige Verhältnisse herrschaftlichen Haus in unmittelbarer Nähe des Stephansdoms verbrachten Constanze und Wolfgang Amadeus zweieinhalb glückliche und erfolgreiche Jahre – von September 1784 bis April 1787. Seine Beletage mit ihrer originalen Eingangstür, den alten Fußböden aus Fichtenbrettern sowie den Vertäfelungen und Fensterläden aus dem Spätrokoko ist die einzige in Wien erhaltene Mozart-Wohnung und damit eine Gedenkstätte ersten Ranges.

In der Domgasse, wo das berühmte Figarohaus steht, präsentiert sich Wien noch so mittelalterlich, wie auch Mozart es erlebte.

Sein gegenwärtiges Aussehen erhielt der heute als „Figarohaus“ bezeichnete Bau zu Beginn des 18. Jh. durch den damaligen Besitzer Andrea Simone Carove, der als bürgerlicher Baumeister u. a. für die Errichtung des Prinz Eugenschen Winterpalais in der Himmelpfortgasse verantwortlich zeichnete. Dessen Schwiegersohn und Nachfolger als Hausherr war der vielbeachtete Hofstukkateur Albert Camesina. Ihm verdanken wir jenes Prunkkabinett im ersten Stock mit den noch heute erhaltenen, wunderschön zarten, graurosa Stuckreliefs, in dem bald darauf Mozarts Komponiertisch stehen sollte.

In dieser vier Zimmer, zwei Kabinette und diverse Nebenräume umfassenden Nobelunterkunft, für die Mozart stattliche 480 Gulden Miete zahlte, entstand eine ganze Reihe bedeutender Werke – u. a. die

Domgasse 5 – ein Pilgerziel für Mozart-Freunde aus aller Welt. Hier entstand, neben anderen wichtigen Werken, *Le nozze di Figaro*.

Maurerische Trauermusik, die Kantate *Davidde penitente*, elf *Klavierkonzerte*, ein *Hornkonzert*, zwei *Quintette*, drei *Trios*, die Haydn gewidmeten *Streichquartette*, etliche *Klaviersonaten*, das an der Museumskasse als Faksimile erhältliche Goethe-Lied *Das Veilchen* sowie, last not least, *Die Hochzeit des Figaro (KV 492)*. Am 18. Oktober 1786 entband Constanze in dieser Wohnung ihren Johann Thomas Leopold, dem nicht einmal ein Monat auf Erden beschieden war.

Die Mozarts empfingen hier auch häufig Gäste: Joseph Haydn etwa, im Frühjahr 1785 für mehrere Wochen den Vater Leopold und, in der zweiten Aprilwoche 1787, aller Wahrscheinlichkeit nach den sechzehnjährigen Ludwig van Beethoven. Den siebenjährigen, musikalisch hochtalentierten Knaben Johann Nepomuk Hummel nahm Mozart als Schüler sogar für zwei Jahre bei sich auf. Jahrzehnte später führte auch den jungen, eben in Wien angekommenen Johannes Brahms sein Weg hierher.

Johann Wolfgang von Goethe, der das Wunderkind Mozart, selbst erst 14jährig, in Frankfurt einst persönlich erlebte.

Die solcherart geweihten Räumlichkeiten wurden 1941 wieder als Wohnung möbliert, fünfzehn Jahre später als Museum adaptiert und zum Jubiläumsjahr 1991 komplett renoviert und umgestaltet. In den insgesamt sieben Räumen – dem Salon, den Schlaf- und Gästezimmern, der ehemaligen Küche und Mozarts Arbeitsraum – sind zahlreiche interessante Zeugnisse zu seiner Person, dem Werk und dem gesellschaftlichen Umfeld zu sehen (ein ausführlicher Katalog ist an der Kasse erhältlich). Besonderes Vergnügen bereiten die diversen Hörbeispiele, denen der Besucher über Kopfhörer lauschen kann.

30 Loge „Zur neugekrönten Hoffnung“ (1., Landskrongasse 1 = Wildpretmarkt 10): Mozart wurde am 14. Dezember 1784 feierlich in die Freimaurerloge „Zur Wohltätigkeit“ – sie befand sich im Haus Marc-Aurel-Straße 5 (= Vorlaufstraße 2) – aufgenommen und bereits gut drei Wochen später, am 7. Januar 1785, zum Gesellen befördert. Kurz darauf ging die „Wohltätigkeit“ gemäß jenem Patent von 1785, das die Zusammenlegung mehrerer Logen vorsah, in die neue Sammelloge „Zur neugekrönten

Mozart mit einem Logenbruder, wahrscheinlich Emanuel Schikaneder. Ausschnitt aus dem Bild vis-à-vis.

„Freimaurerloge in Wien“ (anonym, um 1780/90). Das Bild zeigt die versammelte Bruderschaft während eines Aufnahme-Rituals.

Kupferstich mit allerlei Freimaurersymbolen aus dem ersten Textbuch der *Zauberflöte*. Ignaz Alberti, 1791.

Hoffnung“ über. Diese hatte ihren Sitz im Haus Innere Stadt Nr. 563, das im Besitz eines gewissen Baron Moser war und an der Stelle des heutigen Neubaus mit obiger Adresse stand. Als ihr Mitglied und „Hauskomponist“ schuf Mozart zur feierlichen Neugründung am 14. Januar 1786 die beiden Chöre *Zur Eröffnung der Loge (KV 483)* und *Zum Schluß der Loge (KV 484)*. Ebenfalls als Beitrag zur Logenarbeit entstanden in diesen Monaten u. a. auch die Kantate *Die Maurerfreude (KV 471)* und die *Maurerische Trauermusik (KV 477)*.

31 Altes Burgtheater
(1., Michaelerplatz; heute: Michaelertor bzw. -trakt): 1776 war das „Theater nächst der Burg“, das etwa an jener Stelle stand, wo heute das Michaelertor vom gleichnamigen Platz hinein in die Hofburg führt, auf Geheiß Joseph II. zum „k. k. Hof- und Nationaltheater“ erhoben worden. Es sollte fortan dem Willen des Herrschers gemäß Meinung und Geschmack des Volkes sittlich schulen und wurde in dieser Funktion erst gut hundert Jahre später durch das von Semper und Hasenauer erbaute heutige Burgtheater am Lueger-Ring abgelöst.

Bei der Verbreitung von Mozarts Werken spielte das „Alte Burgtheater“, wie der 44 m lange, 15 m breite und ca. 1.360 Zuschauer fassende, also nur mittelmäßig große Bau auch genannt wurde, eine zentrale Rolle. Drei seiner Opern wurden in ihm uraufgeführt – die *Entführung* (am 16. Juli 1782), *Le nozze di Figaro* (am 1. Mai 1786) und *Così fan tutte* (am 26. Januar 1790) – und vier weitere hier zum ersten Mal auf Wiener Boden gespielt. Auch trat Mozart in diesem Haus wiederholt im Rahmen „musicalischer Academien" als Solist und Dirigent auf. Über ein besonders erfolgreiches dieser Konzerte, am Abend des 23. März 1783, schrieb er: „Das theater hätte ohnmöglich völler seyn können, und alle logen waren besetzt. – das liebste aber war mir, daß seine Mayestätt der kayser auch zugegen war, und wie vergnügt er war und was für lauten beyfall er mir gegeben."

Ausschnitt des Titelstiches aus dem Erstdruck des Klavierauszugs von *Così fan tutte* (1795).

32 Casino

(2., Untere Donaustraße 5): Im sogenannten Freimaurer-Casino im längst demolierten Kaffeehaus Mayer in der Leopoldstadt veranstaltete Mozart im Advent des Jahres 1786 einen Zyklus von vier Akademien. U. a. wurde hier, vermutlich am 5. Dezember, das *C-Dur-Konzert (KV 503)* uraufgeführt – der Schluß- und Höhepunkt jener Serie von zwölf „großen" Klavierkonzerten, die er binnen knapp drei Jahren, zwischen 1784 und 1786, geschrieben hatte.

Wo sich heute das Michaelertor zum Inneren Burghof öffnet, stand zu Mozarts Zeit das K. K. Hof- und Nationaltheater, genannt Altes Burgtheater. Stich von Tranquillo Mollo, um 1825.

„Ansicht gegen die Landstraße" – In dieser Vorstadt wohnten die Mozarts eine Zeitlang. Hier hatte auch Freund Mesmer sein Anwesen. Kupferstich von Joh. Ziegler, 1780.

33 Wohnhaus

(3., Landstraßer Hauptstraße 75–77): Ende April 1787 verließ das Ehepaar Mozart, nach einer für seine Verhältnisse ungewöhnlich langen, nämlich zweieinhalbjährigen Phase der Seßhaftigkeit das Quartier in der Domgasse. Über die Gründe für den Umzug konnte auch Vater Leopold nur rätseln, vermeldete er doch am 10. Mai 1878 an seine Tochter: „... wohnt itzt auf der Landstrasse No. 224. Er schreibt mir aber keine Ursache dazu. gar nichts! das mag ich leider errathen." Die neue Wohnung, der Gartentrakt eines in der Zwischenzeit durch einen Neubau ersetzten Vorstadthauses, befand sich in ländlicher Umgebung. Sie umfaßte gemäß der „Josephinischen Steuerfassion" dieses Jahres „Zimer, Kabinett, Salletl, Küche, Speis, Holzlag, Boden" und war wohl eher von bescheidener Natur. Mozart litt zu diesem Zeitpunkt bereits an Geldnot in fortgeschrittenem Stadium. In den acht hier verbrachten Monaten entstanden an wesentlichen Werken die *Kleine Nachtmusik (KV 525)*, die *Violinsonate* in *A-Dur (KV 526)* und, vor allem, ein beträchtlicher Teil des *Don Giovanni (KV 527)*. Auch intensivierte er in dieser Zeit die Freundschaft zu der am nahen Rennweg wohnenden Familie des Botanikers Nikolaus Joseph von Jacquin.

34 Wohnhaus

(1., Tuchlauben 1 = Schultergasse 2): Dieses Quartier, von den Mozarts von Dezember 1787 bis Mitte Juni des Folgejahres bewohnt, taucht in der Biographie vor allem als Geburtsort der bereits als Säugling wieder verstorbenen ersten Tochter, Theresia Konstanzia Adelheid, auf. Mozarts Stern als Konzertveranstalter und Klaviervirtuose war zu dieser Zeit schon im sinken. Doch schrieb er hier in der Tuchlauben, wo an der Stelle des von ihm benützten recht bescheidenen Hauses längst eine große Wohnanlage aus der Gründerzeit steht, neben etlichen kleineren Kompositionen immerhin das gerne als *Krönungskonzert* bezeichnete *D-Dur-Klavierkonzert (KV 537)*.

35 Starhembergsches Haus

(1., Dorotheergasse 9): Dank einer Tagebucheintragung Graf Zinzendorfs ist in diesem Adelspalais einer von Mozarts – in seiner Spätzeit höchst raren – Auftritte belegt: Anfang Februar 1788 spielte er hier vor dem venezianischen Gesandten Andrea Dolfin.

36 Wohnhaus

(9., Währinger Straße 26): Nach ihrer Logis in der Landstraßer Vorstadt im Sommer und Herbst 1787 bezogen die Mozarts am 17. Juni 1788 neuerlich ein außerhalb der Basteien gelegenes Quartier. Dieses, wie so viele heute nicht mehr existent, hieß „Zu den drei Sternen" und dürfte nicht gerade das, was man

Der Beginn des Andantes der *Jupitersymphonie (KV 551)* wie ihn Mozart höchstpersönlich zu Papier gebracht hat.

repräsentativ nennt, gewesen sein. Sein, laut Mozarts eigener Aussage, großer Vorteil: ein Garten, in dem es sich in Ruhe komponieren ließ. Schöpferische Ergebnisse dieser Phase der Ungestörtheit waren kleinere Kammermusikwerke, das *Divertimento (KV 563)*, die drei großen *Symphonien* in *Es-Dur (KV 543)*, *g-Moll (KV 550)* und die *Jupiter* in *C-Dur (KV 551)* sowie, nicht zu vergessen, die berühmten *Kanons (KV 553–562)*. Darunter jener in *A-Dur* mit der unvergleichlichen Titelzeile *Bona nox! bist a rechta Ox*.

37 Jahnscher Saal

(1., Himmelpfortgasse 6): Im ersten Stock dieses ehemaligen Bürgerhauses, über dem heutigen Café Frauenhuber, veranstaltete im ausgehenden 18. Jh. der auch im Augarten (siehe: 22 „Alte Favorita") gastronomisch tätige Hoftraiteur und Koch Ignaz Jahn vielbeachtete Konzerte. Eine Gedenktafel an der Hausfassade erinnert daran, daß in deren Rahmen auch Mozart aktiv war. So erklang etwa im November 1788 in diesem an die 400 Personen fassenden Saal seine Bearbeitung der Händelschen Pastorale „Acis und Galatea" *(KV 566)* und am 4. März 1791, bei seinem letzten öffentlichen Auftritt als Pianist, zum erstenmal das *Klavierkonzert* in *B-Dur (KV 595)*.

Wenige Schritte entfernt, im Haus Himmelpfortgasse 11, wohnte zu dieser Zeit übrigens Mozarts Schwägerin und große Jugendliebe Aloisia Weber, die inzwischen den Schauspieler und Maler Joseph Lange geheiratet hatte und als Sängerin Erfolge feierte.

Die seinerzeitige K. K. Hof- und heutige Nationalbibliothek am Josefsplatz. In ihrem Prunksaal griff Mozart des öfteren zum Dirigierstab. Stich von Tranquillo Mollo, um 1825.

38 Hofbibliothek

(1., Josefsplatz 1): Gottfried Freiherr van Swieten, Sohn von Maria Theresias Leibarzt und tatkräftiger Freund und Förderer der Musik, hatte 1786 für Vertreter der hohen Aristokratie die „Gesellschaft der Cavaliers" gegründet, deren besonderes Anliegen die Pflege der großen Oratorien von Händel und Haydn war. Als Präfekt der Hofbibliothek, der er seit 1777 war, veranstaltete er des öfteren auch im Prunksaal dieses unter Karl VI. durch Johann Bernhard Fischer von Erlach begonnenen und dessen Sohn Joseph Emanuel vollendeten Bücherschreins, der heute „Nationalbibliothek" heißt und zu bestimmten Zeiten Besuchern offensteht, einschlägige Aufführungen. Mozart instrumentierte und bearbeitete für diesen Anlaß mehrere Händelsche Chor- und Orchesterwerke, so zum Beispiel die Pastorale „Acis und Galatea" *(KV 566)*. Ab 1788 griff er zu Füßen des grandiosen Deckenfreskos von Daniel Gran auch des öfteren höchstpersönlich zum Dirigentenstab.

Das imposante Innere des von Vater und Sohn Fischer von Erlach geschaffenen Bücherschreins.

39 Wohnhaus

(1., Judenplatz 4): Dieses heute verschwundene, „Zur Mutter Gottes" genannte Haus, das unmittelbar neben jenem – ebenfalls schon längst demolierten – stand, in dem er bereits 1783 gewohnt hatte (siehe: 26 Wohnhaus), diente Mozart vom Januar 1789 bis September 1790 als Quartier. Die Distanz zwischen der bisherigen Wohnung draußen in Währing und der Stadt hatte sich wohl auf Dauer doch als zu hinderlich entpuppt. In dieser ziemlich bescheidenen Wohnung schuf er über den Winter 1789/90 u. a. das *Klarinettenquintett in A-Dur (KV 581)* für seinen Freund Anton Paul Stadler und die Ende Januar 1790 im Nationaltheater uraufgeführte Buffo-Oper *Così fan tutte*. Um letztere zu probieren, lud er am Silvestertag seinen freimaurerischen Mitbruder und geduldigen Gläubiger Johann Michael Puchberg und den „theuren" väterlichen Freund und bewunderten Bewunderer Joseph Haydn zu sich nach Hause ein.

Der Klarinettist und Freund Mozarts Anton Paul Stadler.

40 Wohnhaus

(1., Hoher Markt 1): In diesem Haus, das sich im Eigentum des später als Auftraggeber des

Der Hohe Markt, wo Mozarts Gönner Johann Michael Puchberg eine Wohnung besaß. Lithographie von X. Sandmann.

Requiems zu merkwürdiger Berühmtheit gelangten Franz Graf Walsegg-Stuppach befand, hatte Johann Michael Puchberg eine Wohnung. Dort quartierte sich Constanze Mozart während der Berlin-Reise ihres Gatten, also zwischen April und Juni 1789, interimistisch ein.

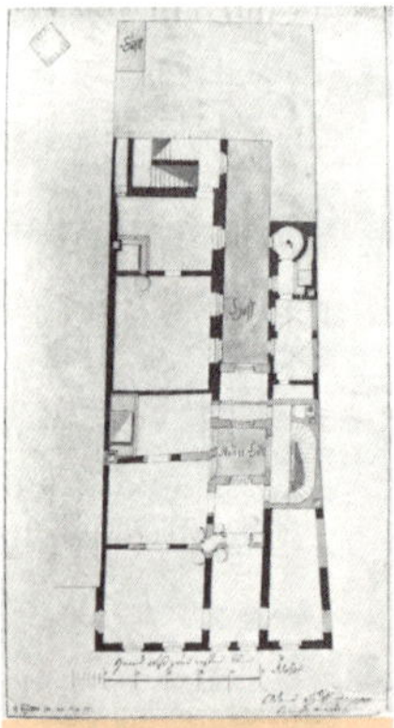

Grundriß des längst abgerissenen Wohn- und Sterbehauses in der Rauhensteingasse. Aquarellierte Federzeichnung von Emil Hütter nach Adam Hildwein, 1806.

41 WOHN- UND STERBEHAUS (1., Rauhensteingasse 8 = Kärntner Straße 19; heute: Kaufhaus Steffl): Am 30. September 1790 übersiedelte Constanze, während sich Mozart noch in Frankfurt aufhielt, vom Judenplatz hierher, in das sogenannte „Kleine Kayserhaus". In der gutbürgerlichen, aus sechs Zimmern und zwei Küchen bestehenden Beletage komponierte Mozart nach der Rückkehr seine letzten großen Werke: u. a. das *B-Dur-Klavierkonzert (KV 595)*, das *Es-Dur-Streichquintett (KV 614)*, das *Klarinettenkonzert* in *A-Dur (KV 622)*, die *Kleine Freimaurerkantate (KV 623)*, Teile der *Zauberflöte (KV 620)* und, nachdem ihm im Juli ein merkwürdiger anonymer Bote den Auftrag dazu überbracht hatte, einen großen Teil des später von Franz Xaver Süßmayr fertiggestellten *Requiems (KV 626)*. Auch gebar ihm Constanze in dieser Wohnung am 26. Juli 1791 den Sohn Franz Xaver.

Am 5. Dezember fünfundfünfzig Minuten nach Mitternacht – sein Arzt hatte ihn kurz zuvor noch zur

Ader gelassen, ihm ein Brechmittel und kalte Umschläge verabreicht – ist Mozart hier nach zweiwöchigem Leiden gestorben. An „hitzigem Frieselfieber", wie man im Totenbuch der Pfarre St. Stephan als offizielle Todesursache festhielt. An einem heftigen Anfall von fiebrigem Gelenkrheumatismus – oder, vielleicht als Folge dessen, an Herzinsuffizienz –, wie Fachleute später diagnostizierten.

Das ursprüngliche Wohn- und Sterbehaus wurde bereits Mitte des vorigen Jahrhundert abgerissen. Der hierauf an seiner Stelle erbaute „Mozarthof" wurde dann in den sechziger Jahren unseres Jahrhundert fast zur Gänze durch ein modernes Kaufhaus, den „Steffl", ersetzt. In dessen Musikabteilung im fünften Stock erinnert seit ein paar Jahren eine kleine mit einer Büste, ein paar Faksimiles und Hintergrundtexten ausstaffierte Gedenkstätte an die historische Bedeutung des Ortes.

Eine Tabakdose aus Mozarts Besitz. Kostbarkeiten wie diese bekam er im Laufe seiner Konzertkarriere häufig von reichen Zuhörern dediziert.

Mozarts Sterbehaus in der Rauhensteingasse. An seiner Stelle steht heute das nicht ganz so anmutige Kaufhaus. Aquarell von Emil Hütter, 1847.

Szenenbild einer historischen Aufführung der *Zauberflöte*. Taminos Spiel betört selbst wilde Tiere.

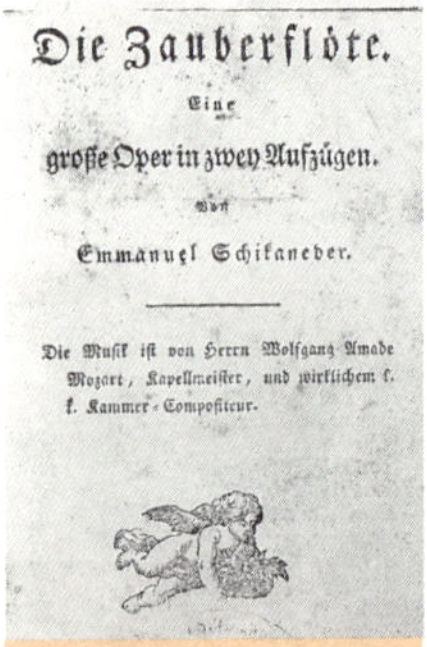

Die Zauberflöte.

Eine

große Oper in zwey Aufzügen.

Von

Emmanuel Schikaneder.

Die Musik ist von Herrn Wolfgang Amade Mozart, Kapellmeister, und wirklichem k. k. Kammer-Compositeur.

Titelblatt des ersten Textbuches (1791).

Emanuel Schikaneder. Punktierstich von Philipp Richter, um 1810.

Die Rückseite des Gebäudes in der Rauhensteingasse ziert eine 1927 von der Gesellschaft der Musikfreunde gestiftete Gedenktafel.

Für die kommenden Jahre haben die Betreiber des Kaufhauses einen grundlegenden Umbau des Gebäudes in Aussicht gestellt, in dessen Rahmen angeblich Mozarts Sterbezimmer rekonstruiert werden soll.

42 Theater im Freihaus

(4., Wiedner Hauptstraße 10/Margaretenstraße 10–16/Operngasse 25): Im stadtnahen Bereich der Vorstadt Wieden, auf jenem heute von den genannten Straßen umschriebenen Areal, erstreckte sich Ende des 18. Jh. das sogenannte Freihaus. Dieser weitläufige Gebäudekomplex war Besitz der Fürsten Starhemberg und umfaßte unzählige Mietwohnungen, die sich in 32 Stiegen um sechs Höfe gruppierten. Im sechsten Hof war 1785 das „Theater auf der Wieden" alias „im Freihaus" entstanden – ein steinerner, ziegelgedeckter Bau mit den recht bescheidenen Ausmaßen von 30 × 15 m und einer 10 × 12 m großen Bühne. Auf letzterer wurde am 30. September 1791 das zweiaktige Singspiel *Die Zauberflöte* nach einem Text des örtlichen Theaterdirektors Emanuel Schikaneder uraufgeführt. Und zwar mit vorerst nur lokalem großem Erfolg. Was Mozart nicht mehr erleben durfte, war der schon kurz darauf einsetzende Siegeszug der freimaurerischen

Märchenoper in Serie. Allein in Wien ging sie bis 1798 zweihundertmal über die Bühne. Parallel wurde sie u. a. auch in Prag, Frankfurt, Berlin, Hamburg, Dresden und Weimar inszeniert.

Ein Postskriptum zum Areal des Freihauses: Auf ihm stand seinerzeit auch jene als „Zauberflötenhäuschen“ bezeichnete Holzhütte, die sich seit 1873 in Salzburg und seit 1950 im Bastionsgarten des dortigen Mozarteums befindet (siehe: Salzburg, 15 Zauberflötenhäuschen).

Papageno – eine der klassischen Figuren der Opernliteratur.

43 St. Marxer Friedhof

(3., Leberstraße 6–8): Dieser Gottesacker gilt als weltweit letzter erhaltener Biedermeierfriedhof und steht mit seinen unzähligen sehens- und lesenswerten Grabsteinen folgerichtig unter Denkmalschutz. Und obwohl er mittlerweile von der Südosttangente, einer

Von Autobahnen umbraust, aber dennoch überaus stimmungsvoll und einen Abstecher wert: der St. Marxer Friedhof im Dritten Wiener Gemeindebezirk.

extrem stark frequentierten Stadtautobahn, umbraust wird, hat er sich doch eine ganz spezielle, zauberhaft verwunschene Atmosphäre erhalten.

Das „Mozartgrab“ allerdings, das sich heute, mit der Grabnummer 179 versehen, wenige Schritte links des Hauptweges findet, entspricht nur ungefähr dem tatsächlichen Ort von Mozarts letzter Ruhestatt, verscharrte man ihn doch in einem Mehrfachgrab, das erstens in keiner Weise markiert und zweitens nach wenigen Jahren neuerlich belegt wurde.

Bis auf die Tatsache, daß Mozart zum Zeitpunkt seines Todes fast völlig verarmt war, begannen sich um dieses angeblich so unwürdige Begräbnis im Laufe der Zeit zahllose Legenden zu ranken – vom Geiz sei-

Nur ungefähr entspricht der Standort dieses poetisch anmutenden „Grabmals“ dem tatsächlichen Bestattungsort von Mozarts Leichnam in einem St. Marxer Mehrfachgrab.

ner Witwe und der Illoyalität seiner Freunde, die es weder der Mühe wert gefunden hätten, den Verstorbenen bis zum Friedhof zu begleiten, noch, ihm ein angemessenes Begräbnis zu bezahlen. In Wahrheit dürfte die Art und Weise, auf die Mozart am 6. Dezember abends oder am 7. morgens (der genaue Zeitpunkt ist ungeklärt) seinen letzten Weg ging, bloß den aufklärerischen Vorschriften der Zeit entsprochen haben. Denn nicht nur war ein Begräbnis dritter Klasse mit kleinem Kondukt um 8 Gulden und 56 Kreuzer für die große Mehrheit der Wiener Bevölkerung, also auch einen Mann vom sozialen Rang eines Musikers, durchaus üblich (1. und 2. Klasse galten als Privileg von Adel und Großbürgertum). Auch eine Mehrfachbestattung in einem „Allgemeinen einfachen Grab" war nichts Ungewöhnliches. Und daß die Trauergemeinde – Schlechtwetter hin oder her – in Unkenntnis des exakten Beerdigungstermins nicht die ganzen 4.800 Schritte, sprich 3,6 Kilometer zu dem auf Geheiß Joseph II. weit vor der Stadtmauer angelegten Kommunalfriedhof mitgehen würde, sondern es bei einem stillen Geleit bis zum Stadttor bewenden ließ, entsprach ebenso der Konvention wie die Abwesenheit der Witwe. Schließlich bildete schon die Überführung mit einem eigens bestellten Leichenwagen, die Constanze auf Anraten Gottfried van Swietens für ihren Gemahl angeordnet hatte, eine Ausnahme.

44 Kirche St. Michael (1., Michaelerplatz): In der ehemaligen Hofpfarr- und Barnabitenkirche zu St. Michael, in der einst die Cäcilienkongregation der Hofmusiker ihren Sitz hatte, wurde am 10. Dezember 1791, wie eine Inschrift an der Außenfassade besagt, „für Wolfgang Amadeus Mozart das Seelenamt gehalten. Dabei erklangen Teile seines Requiems zum ersten Mal". Die Kosten dafür trugen die beiden Theaterdirektoren Emanuel Schikaneder und Joseph von Bauernfeld. Ein knappes Jahr später erhielt das teils spätromanische, teils gotische Gotteshaus seine neue klassizistische Fassade. An Mozart erinnern heute außerdem im rechten Torbereich zwei Bronzetafeln, die ein Konterfei und einen Totenschädel zeigen.

Aufsatz über dem Papageno-Tor: Schikaneder samt Kindern in seiner Paraderolle.

Das Papagentor, der Seiteneingang des Theaters an der Wien.

45 Theater an der Wien

mit Papagenotor (6., Millöckergasse/Linke Wienzeile): In den Jahren 1798–1801 ließ Emanuel Schikaneder, der in seinem Freihaus-Theater 1791 gemeinsam mit Mozart dessen *Zauberflöte* uraufgeführt hatte, dieses seinerzeit größte und schönste Bühnenhaus erbauen. Es wurde im Laufe des 19. Jh. zum Ort zahlloser Uraufführungen: Beethovens Violinkonzert erklang hier zum erstenmal, viele Stücke des genialen Satirikers Johann Nestroy, aber auch Operetten von Johann Strauß (1874 etwa die „Fledermaus"), Karl Millöcker, Karl Zeller und, nach 1900, von Franz Lehár, Emmerich Kálmán und Leo Fall. Den Seiteneingang des entzückenden, 1902 leider teilweise abgerissenen Hauses, das in jüngster Vergangenheit zur Musicalbühne von europäischem Format avancierte, bildet das berühmte „Papageno-Tor". Über dem streng klassizistischen Portal zu sehen: der Prinzipal samt Kindern in seiner Paraderolle – als Papageno.

So sah das Theater an der Wien vor dem Umbau in seine heutige Form aus. Das Wienflußtal war noch nicht reguliert.

46 Lehár-Schikaneder-Schlössl
(19., Hackhofergasse 18): Auf eine indirekte Huldigung an Mozart stößt man in diesem „Schlössl" im Villen- und Heurigenbezirk Döbling. In dem mittlerweile als Museum adaptierten Anwesen lebte nicht nur der Schöpfer der „Lustigen Witwe" und des „Land des Lächelns" (1932–44), sondern – in den Jahren 1802–12 schon – auch der Theaterdirektor und Librettist der *Zauberflöte*, Emanuel Schikaneder. Sehenswert ist, abgesehen von einigen Erinnerungsstücken, vor allem das Deckengemälde von Vincenzio Sacchetti, dem Bruder des bekannten Hoftheater-Dekorateurs Lorenzo Sacchetti. Es zeigt „Die Königin der Nacht mit den drei Damen und Monostatos".

47 Zentralfriedhof
(11., Simmeringer Hauptstraße 234): „Gewidmet von der Stadt Wien 1859" – lapidarer hätte die Inschrift auf Mozarts Grabmal kaum ausfallen können. Ob sich in ihr das schlechte Gewissen der Öffentlichkeit gegenüber dem Genie der Genies widerspiegelt? Tatsache ist, daß die Gemeinde Wien Mitte der fünfziger Jahre des vorigen Jahrhundert endlich

2,4 Quadratkilometer, rund 300.000 Gräber und bisher circa drei Millionen Bestattungen: Wiens Zentralfriedhof ist einer der größten Gottesäcker Europas.

Mozarts Ehrengrabmal auf dem Zentralfriedhof mit der knappen Inschrift „Gewidmet von der Stadt Wien 1859" und der nicht minder romantischen Bezeichnung Nr. 55/ Gruppe 32A.

ernsthafte Untersuchungen bezüglich seiner letzten Ruhestätte anstellen ließ. Sie brachten zwar kein exaktes Ergebnis, doch immerhin sahen sich die Stadtoberen in ihrer Folge veranlaßt, an der vermeintlichen Grabesstelle in St. Marx im Jahr 1859 dieses von Hans Gasser entworfene Grabmal zu errichten. 1891, zu Mozarts hundertstem Todestag, verfrachtete man die auf einem Bücherstapel ruhende Muse samt ihrer Lyra und den Notenblättern in die Ehrengrababteilung des Zentralfriedhofs. Hier lockt sie, in unmittelbarer Nachbarschaft der Ehrengrabmäler für Schubert, Beethoven, Brahms, Johann Strauß und zahlreiche andere Komponistenkollegen, als „Grab" Nummer 55/ Gruppe 32A alljährlich Tausende Mozart-Pilger an.

48 Mozart-Denkmal

(1., Burggarten): 1896 initiierte ein eigens zu diesem Zweck gegründetes Komitee die Errichtung eines Denkmals zu Ehren des großen Wahlwieners und beauftragte den Bildhauer Viktor Tilgner mit dessen Entwurf. Das noch im selben Jahr vorliegende Ergebnis: ein neubarockes Standbild, das den Komponisten vor einem Notenpult darstellt. Ihm zu Füßen ein Ensemble aus Instrumenten, Lorbeerkränzen und Putten sowie, an den Wänden des Denkmalsockels, Reliefs: „Mozart als Kind im Kreise seiner Familie" und „Szenen aus Don Giovanni" darstellend. Ursprünglich auf dem Albertinaplatz zwischen Albrechtsrampe und Oper aufgestellt, wurde es 1907 renoviert und am 12. März 1945 bei einem der letzten Bombenangriffe des Zweiten Weltkriegs schwer beschädigt. Neuerlich renoviert, fand es im Juni 1953 im Burggarten nahe dem Ausgang zur Babenbergerstraße seine neue Heimstatt.

Das Mozart-Denkmal von Viktor Tilgner. Es stand jahrzehntelang auf dem Platz vor der Albertina und schmückt seit 1957 den Burggarten.

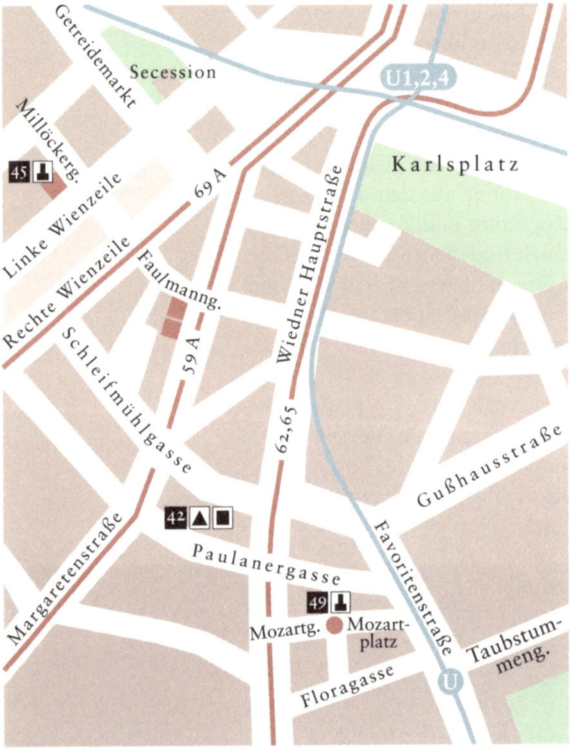

Zu Mozarts Zeit noch durch ein Glacis von der mauerumgürteten Stadt getrennt: die Vorstadt Wieden, heute der 4. Gemeindebezirk.

Apotheose der *Zauberflöte:* der Mozartbrunnen in Wien-Wieden.

49 Mozartbrunnen

(4., Mozartplatz): Der oft auch als Zauberflötenbrunnen bezeichnete Wasserspender wurde am 8. Oktober 1905 auf dem ruhigen, zwischen Favoriten- und Wiedner Hauptstraße gelegenen Platz enthüllt. In seiner Gesamtheit von O. Schönthal entworfen, jedoch von dem Bildhauer und Medailleur Karl Wollek gefertigt, zeigt er, in abstrahiert fließenden Formen aus Bronze gegossen, den flötenspielenden Tamino und, an ihn gelehnt, Pamina, die Tochter der Königin der Nacht.

50 Staatsoper

(1., Opernring 2): In dem 1861–69 von August Siccardsburg und Eduard van der Nüll errichteten historistischen Bau stoßen Besucher während der

Aufführungspausen oder im Rahmen von Führungen in mehreren Räumen auf Mozart und sein Werk: In der Loggia wählte Moritz von Schwind für etliche Bilder seines dortigen Freskenzyklus Motive aus der *Zauberflöte*. Schwind schuf auch in dem nach ihm benannten Foyer, in dem übrigens auch eine Mozart-Büste steht, jene Bildkomposition, die Motive aus den drei Opern *Figaros Hochzeit*, *Don Giovanni* und *Zauberflöte* in sich vereint. Und schließlich finden sich auch im Gobelinsaal Figuren aus dem Opern-Spätwerk – eine in Teppichgewebe gewirkte Königin der Nacht, eine Papagena, eine Pamina, einen Papageno und einen Tamino.

51 Griechenbeisl

(1., Fleischmarkt 11): In diesem um 1490 gegründeten und damit vermutlich ältesten Restaurant von Wien, das im ausgehenden 18. Jh. „Zum roten Dachl" hieß und erst später aufgrund der vielen in der Umgebung ansässigen Griechen seinen heutigen Namen erhielt, findet sich Mozarts von ihm höchstpersönlich hinterlassener Namenszug. Und zwar im sogenannten Mark Twain- oder Unterschriftenzimmer, an dessen Wänden und Gewölbedecke sich seit Jahrhunderten prominente Gäste von Mozart und Beethoven bis Einstein und Gina Lollobrigida zu verewigen pflegen.

Don Giovanni auf Schürzenjagd. Ausschnitt eines Wandbildes im Schwind-Foyer der Wiener Staatsoper.

Vorwahl für Wien: 0222 oder 01
(International: +43-1-)

MUSEEN, GRAB- UND GEDENKSTÄTTEN

FIGAROHAUS
(Mozart-Wohnung) 1., Domgasse 5/
Schulerstraße 8 (täglich außer Mo 9–12.15 Uhr und 13–16.30 Uhr),
Tel. 513 62 94.

KAUFHAUS STEFFL
(ehemals Sterbehaus, Rauhensteingasse 8/Kärntner Straße 19) Gedenkstätte im 5. Stock/
Musikabteilung (Mo–Fr 9.30–19.30, Sa 9–17 Uhr).

STEPHANSDOM
(Innenraum täglich 6–22 Uhr; Führungen Mo–Sa 10.30, 15, So und Feiertag 15 Uhr; Juli–Anf. Sept. jew. Sa auch 19 Uhr), Tel. 515 52-526.

MICHAELERKIRCHE
1., Michaelerplatz

KIRCHE ZU DEN NEUN CHÖREN DER ENGEL
(ehemalige Jesuitenkirche)
1., Am Hof

PETERSKIRCHE
1., Petersplatz (alle: täglich 7–18 Uhr).

FRIEDHOF ST. MARX
(Grabdenkmal Nr. 179) 3., Leberstraße 6–8 (Juni–Aug. 7–19 Uhr, Mai/Sept. 7–18 Uhr, Okt.–April 7–17 Uhr).

ZENTRALFRIEDHOF
(Grab Nr. 55, Gruppe 32 A)
11., Simmeringer Haupstraße 234
(Mai–Aug 7–19, März/April/Sept./Okt. 7–18 Uhr, Nov.–Feb. 8–17 Uhr)
(beide Straßenbahnlinie 71 ab Ring/Schwarzenbergplatz) weitere Informationen: Magistrats-Abteilung (MA) 7, Tel. 4000-847 29 oder MA 42, Tel. 513 21 08.

LEHÁR-SCHIKANEDER-SCHLÖSSL
19., Hackhofergasse 18 (nur gegen Voranmeldung), Tel. 318 54 16.

DIVERSE VERANSTALTUNGEN (KARTENVORVERKAUF)

STAATSOPER
1., Opernring 2, Karten in den Bundestheater-Kassen, 1., Hanuschgasse, im Hof (täglich 8–18 Uhr),
Tel. 514 44-29 55;
(ca. 40minütige Führungen Juli/Aug. täglich 10, 11, 13, 14 und 15 Uhr; Sept.–Juni nur 14 und 15 Uhr bzw. auf Anfrage, Tel. 514 44-26 13 oder [zur Führungszeit] auch DW 24 21; spielplanbedingt gelegentliche Änderungen möglich).

VOLKSOPER
9., Währingerstraße 78,
Karten – siehe Staatsoper.

THEATER AN DER WIEN
(Mozart-Opern während der Wr. Festwochen Mai/Juni) 6., Linke Wienzeile 6, Tel. 588 30-588.

MUSIKVEREIN
1., Bösendorferstraße 12,
Tel. 505 81 90.

KONZERTHAUS
3., Lothringerstraße 20,
Tel. 712 46 86-0.

SCHÖNBRUNNER SCHLOSS-MARIONETTENTHEATER
13., Schloß Schönbrunn, Hofratstrakt, Tel. 817 32 47 (im Programm u. a. die *Zauberflöte*).

BURGKAPELLE
(Messe der Hofmusikkapelle mit den Wiener Sängerknaben) 1., Hofburg, Schweizerhof (Jan.–Juni und Mitte Sept.–Dez. an Sonn- und kirchlichen Feiertagen jeweils um 9.15 Uhr), Tel. 533 99 27; Kartenbestellungen sind mindestens acht Wochen im voraus schriftlich an die Hofmusikkapelle, Hofburg, A-1010 Wien zu richten. Verkauf von Restplätzen auch direkt an der Tageskasse bei der Burgkapelle, jeweils Fr ab 17 Uhr.

DEUTSCHORDENSHAUS
(Wr. Konzertduo und Wr. Konzertquintett) 1., Singerstraße 7 (Duo ganzjährig Mo–Fr und So 20 Uhr, Sa 17 Uhr in der Sala terrena; Quintett: Fr und So 18 Uhr im Innenhof oder im Konzertsaal), Tel. 214 04 01, Fax 216 71 42.

Für die angeführten Veranstaltungsorte sind Karten auch in allen guten Kartenbüros erhältlich.

ORIGINALAUTOGRAPHE, NOTEN, DOKUMENTE ETC.

HISTORISCHES MUSEUM DER STADT WIEN
4., Karlsplatz (täglich außer Mo 9–16.30 Uhr); Tel.505 87 47.

MUSIKINSTRUMENTENSAMMLUNG
des Kunsthistorischen Museums
1., Neue Burg, Heldenplatz (täglich außer Di 10–18 Uhr), Tel. 525 24-0.

MUSIKWISSENSCHAFTLICHES INSTITUT DER UNIVERSITÄT WIEN
1., Universitätsstraße 7, Tel. 401 03-0.

SONSTIGES

GRIECHENBEISL
(Original-Autogramm)
1., Fleischmarkt 11 (täglich 11–1 Uhr, Küche bis 23.30), Tel. 533 19 41.

ÖSTERREICHISCHES THEATERMUSEUM
1., Lobkowitzplatz 2 (täglich außer Mo 10–17 Uhr; Führungen nur nach Voranmeldung), Tel. 512 88 00.

NATIONALBIBLIOTHEK
(einst Hofbibliothek) mit Prunksaal
1., Hofburg, Eingang: Josefsplatz (Ende Mai–Ende Okt. 10–16, Anfang Nov.–Ende Mai 10–12 Uhr; Vorsicht: häufig wechselnde Öffnungszeiten!).

SCHLOSS SCHÖNBRUNN
(Schauräume mit Spiegelsaal, Orangerie)
13., Schloß Schönbrunn (täglich 8.30–17 Uhr), Tel.811 13.

MOZARTGEMEINDE WIEN
2., Stuwerstraße 1–3, Tel. 218 16 05 (728 16 05).

EINSCHLÄGIG SORTIERTE BUCHHANDLUNGEN
(siehe auch Musikalien-Läden)

AMADEUS
6., Mariahilfer Straße 37–39, Tel. 586 23 92-0.

HARTLEBEN
1., Walfischgasse 14, Tel. 512 62 41.

KUPPITSCH
1., Schottengasse 4 und Herrengasse 14, Tel. 533 32 68 und 533 32 68-20.

MUSIK MÜLLER
1., Krugerstraße 4, Tel. 512 28 75.

ÖSTERREICHISCHER BUNDESVERLAG
1., Schwarzenbergstraße 5, Tel. 512 29 63.

ZENTRALBUCHHANDLUNG
1., Schulerstraße 1–3, Tel. 512 69 05.

MUSIKALIEN-LÄDEN

ARCADIA
(Opera-Shop in der Wiener Staatsoper) 1., Staatsoper/Kärntner Straße, Tel. 513 95 68.

MUSIKHAUS DOBLINGER
(auch CDs und neue sowie Second Hand-Noten) 1., Dorotheergasse 10, Tel. 515 03-0.

CLASSIC-CDS
(siehe auch Musikalien-Läden)

EMI AUSTRIA
1., Kärntner Straße 30, Tel. 512 36 75-77.

GRAMOLA
1., Kohlmarkt 5 und Graben 16, Tel. 533 50 47 und 533 50 34.

HAVLICEK
1., Herrengasse 5, Tel. 533 19 64.

Schallplatten-Wiege
1., Graben 29a, Tel. 533 20 32.

Teuchtler
(vor allem antiquarisch) 6., Windmühlgasse 10 (Mo–Fr nur 13–18, Sa 10–12 Uhr), Tel. 586 21 33.

Virgin
6., Mariahilfer Straße 37–39, Tel. 588 37–0.

KAFFEEHÄUSER

Bräunerhof
1., Stallburggasse 2 (Mo–Fr 7.30–19.30, Sa 7.30–18, So 10–18 Uhr), Tel. 512 38 93.

Central
1., Herrengassse/Strauchgasse (Mo–Sa 9–20 Uhr), Tel. 533 37 63-26.

Demel
1., Kohlmarkt 14 (täglich 10–18 Uhr), Tel. 533 55 16-0.

Diglas
1., Wollzeile 10 (Mo–Sa 7–24, So und Ftg. 10–24 Uhr), Tel. 512 84 01.

Dom-Café
1., Stephansplatz 9 (täglich 10.30–22 Uhr), Tel. 534 05-0.

Dommayer
13., Auhofstraße 2/Dommayergasse (täglich 7–24 Uhr), Tel. 877 54 65.

Frauenhuber
1., Himmelpfortgasse 6 (Mo–Fr 8–23, Sa 8–16 Uhr), Tel. 512 43 23.

Hawelka
1., Dorotheergasse 6 (Mi–Mo 8–2, So und Ftg. 16–2 Uhr), Tel. 512 82 30.

Landtmann
1., Dr. Karl–Lueger-Ring 4 (täglich 8–24 Uhr), Tel. 532 06 21.

Sacher
1., Philharmonikerstraße 4 (täglich 6.30–23.30), Tel. 514 56.

Sperl
6., Gumpendorfer Straße 11 (Mo–Sa 7–23, So außer Juli/Aug. 15–23 Uhr), Tel. 586 41 58.

ALLGEMEINE TOURISTISCHE INFORMATIONEN

Tourist-Information
Information-City – 1., Kärntner Straße 38 (täglich 9–19 Uhr), Tel. 513 88 92; Information-Süd: 10., Triester Straße 149 (April/Mai/Okt. tägl. 9–19, Juli–Sept. tägl. 8–22 Uhr), Tel. 616 00 70; Information-West: 14., Auhof (April–Okt. tägl. 8–22, Nov. tägl. 9–19, Dez.–März tägl. 10–18 Uhr),

Tel. 979 12 71; außerdem am Flughafen, Wien-Schwechat sowie am West- und Südbahnhof.

WEITERE AUSKUNFTSSTELLEN
Rathaus-/Stadt-Information: 1., Rathaus, Friedrich-Schmidt-Platz (Mo–Fr 8–18 Uhr), Tel. 403 89 89; Wiener Tourismus Verband – 2., Obere Augartenstr. 40 (Mo–Fr 8–17 Uhr), Tel. 211 14–0; Österreich-Information: 4., Margaretenstr. 1/ Ecke Wiedner Hauptstr. (Mo–Mi und Fr 9–17.30, Do 9–18 Uhr), Tel. 587 20 00.

FÜHRUNGEN
Unter dem Titel „Wiener Spaziergänge" bietet die Fachgruppe der konzessionierten Fremdenführer verschiedene Besichtigungstouren an, die u. a. auch musikalische Besonderheiten zum Thema haben. Führungsdauer: ca. 1 1/2 Stunden, ab 3 Personen bei jedem Wetter. Keine Vorreservierung nötig. Informationen: Tel. 514 50–243 oder 894 53 63.

WEITERE MOZART–GEDENKSTÄTTEN

Stift Melk

Auf ihrer herbstlichen Fahrt von Salzburg nach Wien machten die Mozarts im Jahr 1767 am 14. September in dem berühmten Benediktinerstift Station. Nach dem Mittagstisch in der Stadt gingen sie, wie Vater Leopold berichtete, „ins Kloster hinauf“, wo sie „die Zimmer besichtigten“ und sich „weiter nicht zu (er)kennen gaben, als bis wir bei Beschauung der Kirche und der Orgel dem Organisten Gelegenheit gaben, den Wolfgangerl am Spielen zu kennen oder vielmehr zu erraten ... Wir saßen aber auch gleich darauf im Wagen und fuhren nach St. Pölten.“

Über den zweiten Aufenthalt der Wunderkinder im Stift Ende 1768 notierte der damalige Prior am 28. Dezember in sein Tagebuch: „Um 6 Uhr ist Herr Mozart mit seiner Frau, seiner Tochter und seinem berühmten Sohn von 12 Jahren, der sich schon als Komponist ausgezeichnet hat, angekommen. Als der Knabe höchst bewunderswert auf der Orgel gespielt hatte, wurde auf Veranlassung des ehrwürdigen Regens chori draußen eine Mahlzeit bereitet. An dem Essen nahm auch der ehrwürdige Abt teil.“ Und für den nächsten Tag: „Um 1/4 8 Uhr ist Herr Mozart (Kapellmeister aus Salzburg) mit seiner Familie hier weggefahren. Er reist nach Linz mit einem vierspännigen Fahrzeug.“

Ein Faksimile dieser Tagebucheintragung ist in den Schauräumen ausgestellt.

Stift Melk: die von Jakob Prandtauer errichtete Glaubensburg hoch über der Donau, am Eingang in die Wachau.

„Mozart an der Orgel in Ybbs", gemalt von Heinrich Lossow, 1864.

Ybbs

Am Mittag des 5. Oktober 1762 machten Leopold, Nannerl und Wolferl auf ihrer Schiffsfahrt von Linz Richtung Wien in Ybbs Station. Während geistliche Reisegefährten die Messe lasen, habe sich, vermeldete der Vater in einem Brief stolz, Wolfgang auf der Orgel der Franziskanerkirche „so herumgetummelt und so gut gespielt, daß die Patres Franziskaner, die eben mit einigen Gästen bei der Mittagstafel saßen, samt ihren Gästen das Essen verließen, dem Chor zuliefen und sich fast zu Tode wunderten". Das ehemalige Kloster dient der Stadt Wien seit vielen Jahrzehnten schon als Pflege- und Therapiezentrum, doch die besagte Franziskanerkirche tut als Anstaltskapelle nach wie vor ihren Dienst und steht während der sonntäglichen Morgenmesse auch anstaltsfremden Personen – sprich: Gästen – offen. Jene Orgel, deren Register der Sechsjährige einst so fulminant zog, befindet sich heute freilich in der Kirche der Kartause Gaming. Wandert man die sogenannte Promenade entlang, findet man außen an der Anstaltsmauer eine Tafel, die an den aufsehenerregenden Kurzauftritt erinnert. Und im ehemaligen Stadtmuseum in der Herrengasse wurde ein „Mozart-Saal" eingerichtet, wo diverse einschlägige Faksimile Aspekte der Mozartschen Vita dokumentieren. Gezeigt wird außerdem eine Kopie jenes im Depot des Oberösterreichischen Landesmuseums in Linz lagernden Bildes von Heinrich Lossow, auf dem dieser 1864 den Moment, als die Mönche dem kleinen Tastenzauberer ehrfurchtsvoll lauschten, in der Manier des 19. Jh. nachempfand.

Obligate Station auf der Donaufahrt: die Stadt Ybbs.

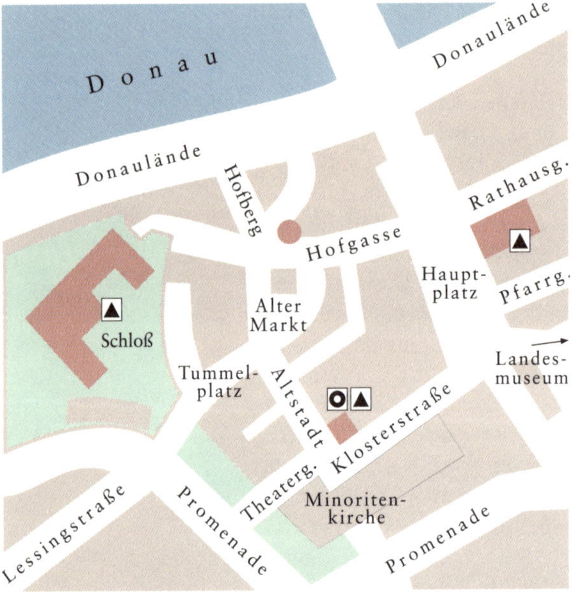

Der Dom zu Linz. Bei seinem Kapellmeister hielt sich Mozart möglicherweise 1790 rund zehn Tage auf.

LINZ

Auf ihren diversen Reisen zwischen den Residenzstädten Salzburg und Wien machten die Mozarts jedesmal in der Hauptstadt des Landes ob der Enns Zwischenstation. Im November 1783 blieben sie als Gäste des Johann Joseph Anton Graf Thun, in dessen Haus sie „mit höflichkeit überschüttet“ wurden, sogar ganze drei Wochen. Bei dieser Gelegenheit schrieb Wolfgang für eine Akademie, die er am 4. November im örtlichen „Wassertheater“ gab, da er keine fertige bei sich hatte, „über hals und kopf an einer Neuen“ Symphonie, der sogenannten *Linzer (C-Dur, KV 425)*. Vermutlich ebenfalls während dieses Aufenthalts entstand für Klavier die *Linzer Sonate* in *B-Dur (KV 333)*.

Das Starhembergische Freihaus des Grafen Thun (ehemals Altstadt Nr. 17, heute: Klosterstraße 20) besitzt in einer Nische seiner Hauseinfahrt seit 1983 eine von dem Linzer Bildhauer Walter Ritter geschaffene Mozart-Büste aus Bronze. Und vis-à-vis im Hausflur erinnert eine graue Marmortafel an den

Aufenthalt des Komponisten. Der früher hier befindliche Gedenkraum ist neuerdings leider nicht mehr zu besichtigen.

Eine weitere mit einer Tafel versehene Erinnerungsstätte ist der ehemalige Gasthof der Familie Kiener „Zur Dreifaltigkeit“ (Hofgasse 14/Hofberg 11), wo die Mozarts im Oktober 1762 Quartier nahmen. Ebenfalls noch existent ist der Festsaal im heutigen Rathaus, wo Wolfgang – aller Wahrscheinlichkeit nach – am 1. Oktober 1762 unter der Patronanz des landesfürstlichen Kommmissars Graf Leopold Schlick ein Konzert gab.

Derzeit in der Handschriftensammlung des Landesmuseums unter Verschluß verwahrt, also nur auf spezielle Anfrage zu sehen, ist die Abschrift jenes humorigen Gedichts mit dem Titel „Glückwunsch beim Punsch“, das Wolfgang am 31. Juli 1783 Nannerl schickte und die verwitwete Constanze dem Linzer Musealverein geschenkt hat.

Stift Lambach

Auf ihren Fahrten von und nach Wien war die Familie Mozart, wie sich diversen Briefen entnehmen läßt, mindestens viermal auch in Lambach zu Gast: am 12. September 1767, Anfang Januar 1769, Ende September 1773 und Ende Oktober 1783. Der Grund: Leopold Mozart hatte in jungen Jahren an der Salzburger Universität mit dem etwa gleichaltrigen

Das Stifttheater in Lambach – das einzige erhaltene aus der Barockzeit in ganz Österreich.

Stift Lambach in Oberösterreich, wie es Georg Matthäus Vischer im Jahr 1674 sah.

Amandus Schickmayr Freundschaft geschlossen. Und der amtierte von 1746 bis 1794 in dem altehrwürdigen Benediktinerkloster als Abt und war zudem ein großer Liebhaber der Tonkunst. Wie in Lambach überhaupt die Pflege der Musiktradition groß geschrieben wurde: Besaß doch das Kloster sowohl ein kleines Orchester als auch ein Theater, das übrigens heute als einziges aus der Barockzeit erhaltenes Stiftstheater in ganz Österreich gilt.

Leopold Mozart hat Abt Amandus die Manuskripte von fünfzehn seiner Symphonien geschenkt. Und Wolfgang Amadeus hat dem Stift ein Werk, die *Jugendsymphonie* in *G-Dur (KV 45a)*, auch *Alte Lambacher Sinfonie* genannt, sogar eigens gewidmet. Noch im Laufe des Jahres 1997 will man im Foyerbereich des Theaters, also in unmittelbarer Nähe jenes Gästetrakts, in dem die Mozarts zu nächtigen pflegten, eine kleine Dauerausstellung installieren. Sie soll neben Reproduktionen diverser Bilder auch ein Faksimile der Partitur jener frühen *G-Dur-Symphonie* enthalten, deren Original leider verschollen ist.

St. Gilgen

Im heutigen Bezirksgericht (Ischlerstraße 15) dieses nicht nur bei Bundeskanzlern beliebten Ferienorts am Westufer des Wolfgangsees wurde am 25. Dezember 1720 Mozarts Mutter Anna Maria Walburga Pertl geboren. Ihr Vater, Wolfgang Nikolaus Pertl, hatte am Gymnasium St. Peter in Salzburg studiert und war dort auch als Sänger in Erscheinung getreten. 1716 wurde er, nachdem er als Jurist Karriere gemacht hatte, zum Pfleger von St. Gilgen bestellt. Um 1720 ließ er das baufällige Pflegehaus, in dem heute das Bezirksgericht untergebracht ist, neu erbauen.

Mozarts Mutter wurde in der örtlichen Pfarrkirche St. Aegidius getauft, lebte bis zum Tod des Vaters (1724) in ihrem Heimatort und zog danach mit Mutter und Schwester nach Salzburg, wo sie 1747 den aus Augsburg stammenden Violinisten Leopold Mozart heiratete. Ihm schenkte sie insgesamt sieben Kinder, von denen nur zwei, nämlich Maria Anna Walburga Ignatia, genannt „Nannerl", und Wolfgang Amadeus, überlebten.

Am 23. August 1784 heiratete Mozarts Schwester den fünfzehn Jahre älteren Reichsfreiherrn Johann Baptist Berchtold zu Sonnenburg, einen Amtsnachfolger ihres Großvaters. Mit ihm und dessen fünf Kindern zog sie wieder nach St. Gilgen – in das Elternhaus ihrer Mutter. Als sie, inzwischen selbst dreifache Mutter, 1801 Witwe wurde, übersiedelte sie wieder nach Salzburg.

1983 eröffnete die Stiftung Mozarteum in dem historischen Gebäude eine kleine Gedenkstätte, die jedoch, abgesehen von ihrer Authentizität, wenig bietet, nämlich bloß einige Faksimiles und Bildkopien zur Hintergrundgeschichte der Familie und des Hauses in einem 3 × 4 m großen Raum. Im benachbarten Heimatmuseum im Wetzl-Einsiedlerhaus (Pichlerplatz 6) ist – bis auf weiteres – eine sehenswerte Ton- und Bildschau zum Thema „Mozart auf Reisen" zu sehen. Und im Inneren der Pfarrkirche erinnert, vor dem Aufgang zum Chor, eine Gedenktafel daran, daß „W. A. Mozarts Großeltern hier am 22. 11. 1712 getraut, die Mutter am 25. 12. 1720 getauft, der Großvater am 9. 3. 1724 begraben, die Schwester am 23. 8. 1784 getraut und der Schwager am 2. 3. 1801 hier begraben" worden sind.

Der Mozart-Brunnen in St. Gilgen am Wolfgangsee. Aufgestellt in Erinnerung an die Vorfahren des Genies mütterlicherseits.

Maria Plain

In der nördlich von Salzburg auf einer Aussichtsterrasse thronenden Wallfahrtskirche ließ die Familie Mozart häufig Messen lesen, und Wolfgang liebte es, zu dem malerischen, doppeltürmigen Bau hochzufahren, um auf seiner qualitätvollen Orgel zu improvi-

Maria Plain auf einem zeitgenössischen Stich. Die Wallfahrtskirche überragt heute wie einst auf ihrer Hügelterrasse unübersehbar die Salzachstadt. Stich von Philipp Kilian, Ende 17. Jh.

sieren. Daß er aber 1779 zum Jahrestag der Krönung des Gnadenbilds die *Krönungsmesse* in *C-Dur (KV 317)* geschrieben habe, ist – so sehr die Geschichte auch romantischen Wünschen entgegenkommen mag – aller Wahrscheinlichkeit nach nur Legende. Auch wenn das wunderbare Werk hier heroben bis heute alljährlich am 15. August gespielt wird: zum erstenmal erklungen ist es am Ostersonntag 1779 unten im Tal, im Salzburger Dom. Sehr wohl für Maria Plain hingegen, und zwar zum Hundert-Jahr-Jubiläum der Kirchenweihe, dürfte die *Missa brevis* in *D-Dur (KV 194)* entstanden sein. Sie wurde im August 1774 erstmals aufgeführt.

Baden

Im Laufe der Jahre hat sich Mozart immer wieder – 1773, 1784, 1789, 1790 und 1791 – für kurze Zeit in dem idyllischen Städtchen am Rande des Wienerwalds aufgehalten. Meist, um Freunde zu besuchen, die letzten beiden Jahre, um seine Constanze, die hier in der Hoffnung auf Besserung ihres Fußleidens zur Kur weilte, zu sehen. Vater Leopold notierte nach der ersten Visite 1783 positiv überrascht: „Baden ist ein kleines Städtl. Der Bäder sind sehr viele; alles auf diese Art wie in Gastein, nur daß sie bequemer gebaut sind.“

Eine Mozart-Wohnung ist allerdings nur vom Sommeraufenhalt in Wolfgangs letztem Lebensjahr nachgewiesen: Constanze war damals im Haus „Zum

Blumenstock“ (Renngasse 29, heute: Nr. 4) einquartiert, und ihr Gemahl pflegte bei seinen Besuchen das „Dachstübchen“ eines Zubaus im Hof anzumieten. Hier schrieb er in der Nacht vom 17. auf den 18. Juni 1791, vermutlich für den örtlichen Schullehrer und Regens chori Anton Stoll, sein wohl berühmtestes kleineres geistliches Werk: die Motette *Ave, verum corpus (KV 618)*. An der Stelle des ursprünglichen Hauses erhebt sich seit 1885/86 der „Mozart-Hof“ – seit 1977 eine Dependance der „Bäuerlichen Sonderkrankenanstalt für Rheumakranke“. Seine Fassade schmückt eine Gedenktafel. Eine zweite Inschrift findet sich beim Aufgang zur Orgelempore in der Badener Pfarrkirche St. Stephan. Sie erinnert an die Entstehung des *Ave verum* und wurde 1911 vom örtlichen Kirchenmusikverein gewidmet. In dreidimensionaler Form begegnet man dem prominenten Kurzzeit-Gast schließlich im Kurpark, genauer: im dortigen Mozart-Tempel, in dessen Mitte auf einer Stele die Büste des Meisters steht. Eine weitere Büste findet sich, nebst einer nach einem Photo gefertigten colorierten Lithographie des alten Mozart-Quartiers in der Renngasse, im städtischen Rollettmuseum.

Die Pfarrkirche von Baden mit dem Wiener Tor. Stich von A. Benedetti nach F. v. Wetzelsberg, Stich von A. Benedetti.

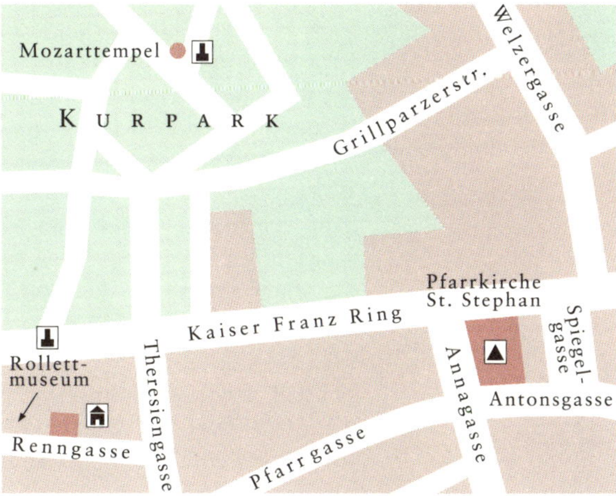

Das barocke Schloß Rosenau westlich von Zwettl im Waldviertel. Es birgt Österreichs einziges Freimaurermuseum.

Schloss Rosenau

In dem 10 Kilometer westlich von Zwettl im nördlichen Niederösterreich gelegenen Anwesen, das Leopold Christoph Graf Schallenberg 1730–40 zum heutigen Barockschloß hat umbauen lassen, ist Österreichs einziges Freimaurermuseum untergebracht. Unter den zahlreichen Exponaten der Dauerausstellung finden sich auch mehrere mit Bezug auf Mozart, der ja als wohl berühmtester Logenbruder in der Geschichte dieser humanitären Vereinigung nicht nur zahlreiche „masonische" Kompositionen schuf, sondern, von Joseph II. darin unterstützt, auch eine oft zu wenig beachtete Vorreiterrolle im sozialen Kampf um die Gleichberechtigung freischaffender Künstler spielte. Zu sehen sind u. a. die Druckkopie jenes Rundschreibens, mit dem die Loge „Zur Wohltätigkeit" im Dezember 1784 ihren Schwesterlogen mitteilte, daß der Kapellmeister Mozart demnächst aufgenommen werde; weiters Mitgliederverzeichnisse der Logen „Zur Wohltätigkeit" und „Zur neugekrönten Hoffnung", in denen der Name Mozarts aufscheint; der Theaterzettel der Uraufführung der Freimaureroper *Die Zauberflöte*; ein Titelkupfer der Kantate *Die Maurerfreude* (KV 471) und eine in Öl gemalte „Innenansicht einer Wiener Loge", in deren Vordergrund wahrscheinlich Mozart und Schikaneder abgebildet sind.

ET CETERA

Besonders unermüdliche Spurensucher können ferner auch noch 100 Kilometer südlich von Wien fündig werden. Dort erhebt sich, am Nordostrand der Stadt Gloggnitz, das kürzlich erst frisch renovierte Schloß Stuppach, der Herrschaftssitz jenes Graf Franz von Walsegg-Stuppach, der Mozart im Juli 1791 auf bekanntlich recht ominöse Weise den Auftrag zur Komposition des *Requiem* gab. Im nahen Wiener Neustadt gilt es der Stiftskirche des ehemals dominikanischen Neuklosters einen Besuch abzustatten. Denn hier ließ der Graf am 14. Februar 1794 das *Requiem*, nachdem es zuvor schon unter Mozarts Namen in Wien erklungen war, erstmals als sein eigenes Werk und unter seiner eigenen Leitung spielen – eine Aufführung, die er zwei Monate später, am 14. Februar, am Fuße des Semmering in der Wallfahrtskirche Maria Schutz, deren Patronat er innehatte, wiederholte.

Und schließlich findet sich auch im über 400 Kilometer entfernten Innsbruck ein erwähnenswertes Objekt des Gedenkens – eine Tafel an der Fassade des ehemaligen Gasthofs „Zum weißen Kreuz“ (Herzog-Friedrich-Straße 31), die daran erinnert, daß Mozart hier am 15. Dezember 1769 auf dem Weg nach Italien nächtigte.

Der geheimnisvolle Bote, der Mozart im Auftrag des Grafen Franz von Walsegg-Stuppach den Auftrag zur Komposition des *Requiems* überbrachte, regte Generationen von Biographen und Illustratoren zu höchst phantasievollen Interpretationen an.

MELK

Benediktinerstift Melk
A-3390 Melk, Abt-Berthold-Dietmayr-Straße 1. Zu besichtigen von Palmsonntag bis Allerheiligen mit und ohne Führung (April und Okt. 9–17 Uhr, Mai bis Sept. 9–18 Uhr; Kassaschluß jeweils 1 Std. zuvor; Führungen zu den vollen Stunden). Von Anfang Nov. bis zum Palmsonntag jedoch nur um 11 und 14 Uhr im Rahmen von Führungen (Gruppen nach Voranmeldung 9–16 Uhr). Neben den „Barocktagen" zu Pfingsten (Sa–Mo) finden in der Stiftskirche u. a. zu Christi Himmelfahrt und Fronleichnam sowie am späten Abend des 15. Aug. Orgelkonzerte statt; Tel. 02752/23 12.

YBBS

Mozart-Saal
im früheren Stadtmuseum: A-3370 Ybbs, Herrengasse 23. Zu besichtigen von Ostern bis Allerheiligen jeweils Mi 15–17 Uhr, sonst nach Voranmeldung unter Tel. 07412/ 526/ 120.

LAMBACH

Benediktinerstift Lambach
A-4650 Lambach, Klosterplatz 1. Von Ostermontag bis Allerheiligen täglich um 14 Uhr allgemeine Führung durch die Stiftsanlage (ca. 1 1/2 Std., umfaßt Kirche, romanische Fresken im ehemaligen Westchor, Ambulatorium, Sommerrefektorium, Bibliothek und Theater). Gruppenführungen ab 15 Personen grundsätzlich gegen Voranmeldung ganzjährig möglich. Und zwar um 9, 9.30, 10, 14 oder 15.30 Uhr; Tel. 07245/21 71 0-0.

LINZ

Schlossmuseum
(Dauerausstellungen) 4010 Linz, Tummelplatz 10. Öffnungszeiten: Di–Fr 9–17 Uhr, Sa, So 10–16 Uhr; Tel. 0732/77 44 19.

Oberösterr. Landesmuseum
(temporäre Ausstellungen) 4010 Linz, Museumstraße 14. Öffnungszeiten: Di–Fr 9–18. Sa. So 10–17 Uhr; Tel. 0732/77 44 82-0.

ST. GILGEN

Mozart-Gedenkstätte
im Bezirksgericht: A-5340 St. Gilgen, Ischlerstraße 15. Öffnungszeiten: 1. Juni bis 30. Sept. täglich außer Mo 10–12 Uhr und 14–18 Uhr.

Heimatmuseum
Wetzl-Einsiedlerhaus, Pichlerplatz 6. Dieselben Öffnungszeiten wie die Gedenkstätte; weitere Informationen unter Tel. 06227/348.

MARIA PLAIN

WALLFAHRTSKIRCHE
(3 km nordöstlich der Salzburger Stadtgrenze): geöffnet sommers täglich von 8 Uhr bis ca. 20 Uhr, winters nur bis ca. 17 Uhr; angrenzendes Kloster: Tel. 0662/45 01 94.

In Baden war Mozart des öfteren zu Gast. Er besuchte Freunde oder seine auf Kur weilende Gattin. Im Bild: Hauptplatz mit Pestsäule. Gemälde von E. Gurk.

BADEN

ROLLETTMUSEUM UND STADTARCHIV
A-2500 Baden, Weikersdorferplatz 1. Öffnungszeiten: täglich außer Di 15–18 Uhr; Tel. 02252/48 25 5.

ROSENAU

FREIMAURERMUSEUM IN SCHLOSS ROSENAU
A-3924 Rosenau. Öffnungszeiten: Ostern bis Allerheiligen, tägl. 9–17 Uhr; Tel. 02822/82 21.

BIBLIOGRAPHIE (und Zeitschriften; eine Auswahl)

BECKER, MAX (Hg.): *Mozart. Sein Leben und seine Zeit in Texten und Bildern.* Insel, Frankfurt – Leipzig 1991

BRAUNBEHRENS, VOLKMAR: *Mozart in Wien.* Piper, München 1986

BUNDESPRESSEDIENST ÖSTERREICHS (Hg.): *Wolfgang Amadeus Mozart – 5. Dezember 1991: 200. Todestag.* Wien 1990

DUDÁK, VLADISLAV: *Der Wanderer durch Prag oder: Prag von allen Seiten.* Baset, Prag 1995

GOES, ALBRECHT (Hg.): *Mozart Briefe.* Fischer, Frankfurt a. M. 1979

GREITHER, ALOYS: *Mozart.* Rowohlt, Hamburg 1962

HILDESHEIMER, WOLFGANG: *Mozart.* Suhrkamp, Frankfurt a. M. 1977

HISTORISCHES MUSEUM DER STADT WIEN (Hg.): *Wolfgang Amadeus Mozart.* Wien o. J.

HISTORISCHES MUSEUM DER STADT WIEN (Hg.): *Zaubertöne. Mozart in Wien 1781–1791.* Katalog zur Ausstellung im Künstlerhaus 1990/91. Wien 1990

INTERNATIONALE STIFTUNG MOZARTEUM (Hg.): *W. A. Mozart – Neue Ausgabe sämtlicher Werke.* Salzburg o. J.

INTERNATIONALE STIFTUNG MOZARTEUM U. LAND SALZBURG (Hg.): *Mozart – Bilder und Klänge.* Katalog zur Landesausstellung 1991. Salzburg 1991

KADEŘÁBEK, RUDOLF: *In Prag war er glücklich.* Dialog, A. G., Prag 1991

KNEPLER, GEORG: *Wolfgang Amadé Mozart – Annäherungen.* Henschel, Berlin 1991

KÖCHEL, LUDWIG RITTER VON: *Chronologisch-thematisches Verzeichnis sämtlicher Tonwerke Wolfgang Amadé Mozarts.* 8. unveränderte Auflage. Wiesbaden 1983

KRETSCHMER, HELMUT: *Mozarts Spuren in Wien.* J & V, Wien 1990

LANDON, HOWARD C. ROBBINS (Hg.): *Das Mozart Kompendium. Sein Leben – seine Musik.* Droemer Knaur, München 1991

MUELLER VON ASOW, E. H. (Hg.): *Wolfgang Amadeus Mozart – Verzeichnis aller meiner Werke u. Leopold Mozart – Verzeichnis der Jugendwerke W. A. Mozarts.* Doblinger, Wien – München 1956

NATIONALTHEATER IN PRAG (Hg.): *Das Ständetheater – Ein Führer durch das Gebäude.* Prag 1994

NEBEHAY, CHRISTIAN M.: *Wien Speziell – Musik der Klassik.* Brandstätter, Wien 1985

NEUE BADENER BLÄTTER: *Wolfgang Amadeus Mozart und Baden.* Gesellschaft der Freunde Badens und Städt. Sammlungen, Baden 1991

NOVELLO, MARY UND VINCENT: *Eine Wallfahrt zu Mozart – Die Reisetagebücher von V. und M. Novello aus dem Jahr 1829.* Darmstadt 1959

PARNASS, DIE ÖSTERR. KUNST- UND KULTURZEITSCHRIFT (Sonderheft): *Mozart.* Linz 1991

REMUS, MATTHIAS: *Mozart.* Parkland, Stuttgart 1991

SCHENK, ERICH: *Mozart – Eine Biographie.* Schott/Piper, Mainz 1989

VOLEK, TOMISLAV ET AL.: *Mozarts Opern für Prag.* Theaterinstitut (Hg.), Prag 1991

WEIKERT, ALFRED: *Musik-Spaziergang in Wien.* Berger, Horn/Wien o. J.

WITESCHNIK, ALEXANDER: *„Ihr Edler von Sauschwanz“ oder: Mozart in Geschichten und Anekdoten.* Neff, Wien 1987

BILDNACHWEIS:

Austrian Archives, Wien: Seite 8 oben u. Mitte, 9 oben, 10, 11 oben, 12, 14 unten, 15, 18 oben, 21, 22, 24, 25 oben, 26, 29 unten, 31, 33, 37 oben, 38 oben, 39 unten, 40 oben u. Mitte, 42 unten, 44 oben, 45 oben, 46 oben, 47 unten, 48 unten, 55, 57 Mitte, 62 oben, 63, 64, 89, 90, 92, 93, 97, 99 unten, 101 oben, 102, 115, 125, 130, 136, 137, 139, 140, 144 Mitte, 169.

Bildarchiv der Österreichischen Nationalbibliothek, Wien: Seite 11 unten, 18 unten, 35 oben, 44 unten, 45 unten.

Historisches Museum der Stadt Wien: Seite 148 unten.

Internationale Stiftung Mozarteum Salzburg: Seite 8 oben, 9 Mitte, 16, 20, 23 oben u. Mitte, 25 Mitte, 30 unten, 38 unten, 39 oben, 49 Mitte, 57 unten, 58 oben, 73, 79, 118, 155.

Manfred Horvath, Wien: Seite 49 oben, 56 unten, 57 oben, 58 unten, 61 unten, 66, 69, 70, 72, 74, 75, 76, 82, 116, 123 unten, 160, 161, 168.

Janos Kalmar, Wien: Seite 88, 103 unten, 105.

Kunsthistorisches Museum Wien: Seite 13.

Dagmar Landova, Wien: Seite 19, 124, 134 oben, 146, 148 oben u. Mitte, 150, 151, 152.

Österreichwerbung: Seite 36, 59 oben, 60, 61, 62 unten, 65, 71, 117 unten, 134 unten, 157.

Verlag Christian Brandstätter, Wien: Seite 28 oben, 37 Mitte u. unten, 40 unten, 41, 49 unten, 77, 91, 108, 113, 114, 119, 121, 122, 123 oben, 127, 128, 131, 132, 141, 143, 144 oben u. unten, 145 oben, 153, 158, 159, 162, 163, 164, 166, 171.

Kurt-Michael Westermann, Wien und Hamburg: Seite 98, 101 Mitte u. unten, 103 oben, 106, 107, 165.

Hans Wiesenhofer, Wien: 135 unten, 138 unten.

Seite 7: „Die sogenannte Lindenallee im Augarten in Wien". Kolorierte Radierung von Johann Ziegler, 1783.

Seite 55: Modell Salzburgs von Johann Rupert Fontaine, um 1790.

Seite 85: Prag um 1800. Anonyme Radierung.

Seite 113: Wien, gesehen vom Belvedere. Gemälde von Bernardo Bellotto, gen. Canaletto, um 1760.

Seite 159: Ansicht der Stadt Linz.

Die Deutsche Bibliothek - CIP-Einheitsaufnahme

Weiss, Walter M.: Auf den Spuren von Wolfgang Amadeus Mozart : ein biographischer Reiseführer durch Salzburg, Prag und Wien / Walter M. Weiss. - Wien : Brandstätter, 1997
ISBN 3-85447-686-8 NE: HST

1. Auflage

Die graphische Gestaltung des Werkes sowie der Entwurf des Schutzumschlages stammen von fuhrer. Die Stadtpläne wurden von Emin Balic gestaltet. Das Lektorat besorgte Barbara Sternthal, die Bildrecherche Helmut Maurer und die technische Herstellung Franz Hanns. Gesetzt wurde aus der Sabon, 9 auf 11 Punkt. Die Gesamtherstellung des Werkes erfolgte beim Druckhaus Grasl in Bad Vöslau.

ISBN 3-85447-686-8

Christian Brandstätter Verlagsgesellschaft m.b.H.
A-1080 Wien, Wickenburggasse 26
Telephon (+43-1) 408 38 14